Autodisciplina e denaro:

La guida completa per raggiungere i tuoi obiettivi finanziari con più consapevolezza e più forza di volontà.

Volume 3

Carmelo Parisi

N.B: I consigli dati in questo libro non costituiscono sollecitazione a investimenti, ma sono solo a scopo informativo.

INDICE

INTRODUZIONE

Ed eccoci giunti a questo terzo libro dedicato alla tua libertà finanziaria, al come fare denaro, al come gestirlo e a come proteggerlo.

Ti faccio un breve riepilogo di ciò che abbiamo trattato nei primi 2 volumi.

Nel primo libro ti ho spiegato le basi per raggiungere la tua libertà finanziaria.

Ti ho mostrato come fare per ottenere ricchezza, le regole che dovrai seguire, il giusto atteggiamento mentale che dovrai avere e soprattutto il metodo per la gestione del tuo capitale.

Se applicherai questo metodo in maniera rigida, oltre ad ottenere risultati strabilianti fin da subito, risparmierai un sacco di soldi in spese inutili.

Nel secondo libro ti ho mostrato come sfruttare a tuo vantaggio l'interesse composto, e perché la maggior parte delle persone non diventeranno mai ricche.

Poi abbiamo lavorato sulle tue credenze limitanti.

Abbiamo visto come cambiare le tue credenze limitanti sul denaro nella pratica, ti ho mostrato come testare il tuo termometro finanziario e come alzare l'asticella con degli esercizi pratici.

Ed infine ti ho parlato di rendite automatiche e di come evitare le classiche truffe e i classici schemi Ponzi.

In questo terzo libro approfondiremo maggiormente gli aspetti pratici.

Innanzitutto ti darò subito un metodo per ripagare i tuoi debiti (questa è una strategia per chi è con l'acqua alla gola e per chi al momento ha la primaria necessità di tirarsi fuori dai guai prima di pensare a diventare ricco).

Poi ti spiegherò il perché dovrai necessariamente accumulare soldi e investire per diventare ricco, in quanto sento troppo spesso che i soldi fermi non fruttano nulla in banca.

A tal proposito vorrei che qualcuno mi spiegasse cosa significa che tenere i soldi fermi in banca è sbagliato.

Se vi campita un imprevisto e non avete soldi fermi in banca che fate?

Vi mostrerò un sistema pratico per iniziare ad accumulare i primi 100.000$ e per staccarvi subito dalla media della gente in modo tale da avere una relativa tranquillità

Poi vi parlerò di soldi e gestione delle emozioni.

Perché dovrete cambiare la vostra struttura emotiva mano mano che guadagnerete di più, e perché sarà un guaio se non lo farete.

Quando farete tanti soldi di conseguenza cambierà anche il vostro rapporto con gli altri, e quindi vi spiegherò come gestire la gente che vi circonda e come dovrà cambiare il vostro stile di vita.

Infine vi parlerò di aziende e di imprenditoria, e di come deve comportarsi un buon imprenditore.

Bene adesso non vi resta altro da fare che iniziare a leggere e ad applicare tutte le informazioni che troverete.

Buona lettura !!

CAPITOLO 1
PARTIAMO DA SOTTO ZERO: COME PAGARE I PROPRI DEBITI?

Partiamo da un presupposto: gli adulti sono dei bambinoni.

Essi continuano a vivere tutta la loro vita in un modo che certamente non è quello che si potrebbero permettere.

Chiaramente ognuno di essi dovrebbe aumentare il proprio livello di ricchezza con le varie tecniche che spiego nei miei libri, onde evitare il trovarsi in seri problemi per tutto il resto della vita.

Una delle prime regole per diventare ricchi è la disciplina.

Se non avrete disciplina, non riuscirete ad accumulare nulla.

Dopo aver accumulato una quantità notevole di ricchezza, in termini di soldi disponibili e in termini di entrate, (e considerando che sono partito da zero ed ho guadagnato tanto per poi ritornare a zero), direi che sono anche la persona adatta per darvi questi consigli.

La prima cosa è la disciplina.

Vi dovrete fare un budget.

Non ha importanza se vorrete fare delle cose che non saranno nel vostro budget.

Sarà irrilevante.

All'inizio non potrete andare dal parrucchiere una volta a settimana, non potrete vivere in una casa che non vi potrete permettere.

La spesa per la casa non dovrà essere più di ¼ di quello che guadagnerete.

Questo vale sia che voi abbiate un mutuo (che vi sconsiglio vivamente) e sia che voi siate in affitto (che invece vi consiglio).

Chiaramente se all'inizio guadagnerete 1.000€, e troverete una casa che costa 400€ è ovvio che sarà una proporzione difficile da mantenere (anche se volendo potreste andare a vivere in una stanza).

Ovviamente in queste condizioni dovrete capire che non potrete comprarvi l'Iphone da 1.000€!!

Non potrete andare fuori al ristorante !!

Se vi farete il budget, e quindi quei soldi non li avrete, sarà ovvio che quei soldi non li potrete spendere!

E' incredibile quanti adulti ci siano che non capiscono questa cosa !!

Altra cosa importante da evitare all'inizio quando siete poveri sarà la carta di credito!

Non potrete avere una carta di credito se non avete soldi in conto e se guadagnerete 1.000€ al mese.

Le banche che ve la concederanno saranno da strozzare !

Mi è capitato una volta di andare al ristorante e di dare la mia carta di credito per pagare, ma la transazione mi è stata rifiutata (sulla tale carta solitamente ho solo 2.500-3.000€. A me fondamentalmente va bene così perché la uso per le piccole spesucce e la ricarico volta per volta in quanto non faccio un uso pesante di carte di credito).

Quindi vado in cassa per pagare con la carta di credito e il pagamento mi viene declinato perché la carta era sotto di parecchio.

Ovviamente di li a poco ho ripagato tutto.

Se questa cosa dovesse accadere a voi quando non avete soldi e sarete sotto di 2.000-3.000 € (per esempio), diventerà un problema di dimensioni stratosferiche!

Non uscirete più da questo problema!

Se guadagnerete 1.000€ e sarete sotto di 1.000€, avrete l'equivalente del vostro capitale circolante in negativo, e la cosa sarà davvero spaventosa!

Perciò a queste condizioni non potrete avere la carta di credito, nemmeno per le emergenze.

Per le emergenze voi dovrete avere un conto che alimenterete.

Dovrete farvi un fondo emergenza di 1.000€.

Questi 1.000€ li potrete avere anche in cash a casa, solo che dovrete capire che l'emergenza non sarà pagare chi vi porterà la pizza a casa.

Questa non è emergenza, non dovevate prendere la pizza !

Ci sono in realtà tantissimi Americani (meno gli italiani, perché gli italiani sono un popolo di risparmiatori), che non hanno 1.000$ sul conto corrente e che non hanno mai avuto 1.000$ sul conto corrente, anche laureati, o persone che guadagnano 6 figure all'anno (anche se a voi potrà sembrare strano!).

Infatti molti americani hanno un income di 100.000$ all'anno, ma non hanno 1.000$ sul conto corrente e sono in debito con le carte di credito!

Quindi, invece di farvi la carta di credito, fatevi una carta di debito, su un conto che non toccherete mai.

Anzi, se fosse possibile, sarebbe meglio non avere la carta di debito per quel conto.

Dovrà essere un conto dormiente, aperto in una banca diversa da quella del vostro attuale conto (per esempio se avrete il conto in Italia all'Intesa San Polo, andrete alla Fineco, e vi aprirete un normalissimo conto).

Non dovrà essere un conto con gli interessi, (ovviamente con 1.000€ che interessi credete di poter avere?).

Continuerete ad alimentare quel conto, finché non diventerà un fondo di emergenza (ovviamente se avrete debiti, alimenterete tale conto solo dopo che avrete ripagato i debiti).

Dopo che avrete finito di pagare i debiti, non dovrete avere più i famosi 1.000€, ma dovrete avere l'equivalente in liquidità pari a 3/6 mesi del vostro stile di vita.

Questo dipenderà da voi stessi e dalla vostra qualità di vita.

Ora, questa cosa inizierà ad essere un pochino più complicata, in quanto potreste aver via 10.000, 15.000, 20.000€ ecc.

Quello sarà il vostro fondo di emergenza.

Quindi prima fatevi il fondo di emergenza, e non la carta di credito perché quelli sono soldi che non avete.

(N.B: questo ragionamento, non è riferito a quelle persone che hanno deciso di usare la carta di credito per far vedere alla banca che la ripagano ogni mese, in modo tale che la banca possa dar loro liquidità e possano usare il debito per diventare ricchi).

Perciò iniziate con 1.000€, poi pagate i debiti, e infine aumentate ciò che avrete da parte.

Come si fa ad aumentare ciò che si ha via?

Prima di tutto dovrete avere un budget scritto.

Poi per mettervi via i primi 1.000€ dovrete prelevare in toto quello che vi entrerà (che di solito è l'accredito dello stipendio, o le royalty che vi arriveranno, o i soldi per i lavori occasionali che farete ecc.), e utilizzerete 3 buste da lettera.

Lo so che vi sto parlando come vostro nonno, ma vostro nonno non era povero, e sono sicuro che un po' di soldi li ha messi via.

Tutti i nostri nonni sono riusciti a mettere via i loro soldi, anche se l'economia era diversa, loro avevano disciplina e buon senso (che non è quello che abbiamo noi).

Perciò vi posso assicurare che questo è l'unico modo che funziona.

Quindi prenderete queste tre buste, e di questi 1.000€ ne userete una parte per fare la spesa, e li metterete nella busta per la spesa, (ovviamente in questa busta non è incluso il ristorante o il comprare ostriche e caviale).

Poi ne userete un'altra parte per pagare l'affitto e li metterete nella busta dell'affitto.

La terza busta è per le bollette e le spese fisse.

Il mutuo per l'Audi Q5, (perché vi avevano detto che era a interessi zero, e quindi avete creduto di meritarvi un Q5 per ragioni che se ve le dovessi chiedere sono inesistenti, in quanto non esiste il diritto al Q5), o l'Iphone, o al finanziamento per la vacanza saranno cose che non dovranno esistere!

Regola fondamentale: non si va fuori budget perché di soldi non ne avete!

Se non capirete adesso che non potrete andar fuori budget, sarà un problema anche quando farete tanti soldi.

Quando avrete tanti soldi sarà dura passare davanti al concessionario e non prendere una macchina, o sarà dura non viaggiare in prima classe, e quindi dovrete imporvi di essere disciplinati da subito.

Poi quello che vi rimarrà lo dovrete risparmiare.

Quindi ora mi direte: ma quando ci si diverte?

Questo è esattamente il motivo per il quale dovrete guadagnare di più.

E' ovvio che cosi la vita non sarà divertente.

Se avrete un lavoro dove guadagnerete abbastanza bene con 5-6.000 $ al mese, sarà già una situazione in cui potrete andare al ristorante ecc. (anche se i soldi non bastano mai).

Fare tutto quello che vi ho appena spiegato non è divertente, però funziona molto bene!

Ripeto: 3 buste: 1)Spesa 2)Affitto 3)Bollette.

Se sarete nella condizione in cui dovrete scegliere (perchè di denaro non ne avrete), per prima cosa ci sarà il cibo per voi e per la vostra famiglia, poi l'affitto e poi le bollette.

Infatti se vi taglieranno il riscaldamento o l'elettricità avrete comunque la casa pagata e un tetto dove dormire.

Quindi quantomeno non sareste fuori fra le intemperie.

Prenderete tutti i soldi che vi arriveranno e vi farete il budget.

Il budget dovrà essere fatto con il vostro sposo o con la vostra sposa o con la vostra compagna o col vostro compagno.

Dovrete prendere vostro marito e dirgli "caro, ci entrano 1.000€, quindi la partitella con gli amici non è un bisogno primario, piuttosto che le proteine in polvere".

Stesso discorso dovrebbe fare il marito alla moglie dicendole "cara, se vuoi andare dal parrucchiere una volta a settimana perché tu vuoi andarci (ed è un problema che esiste solo nella sua testa) non lo puoi fare per adesso, perché non possiamo permettercelo".

Queste sono le prime cose da fare.

I soldi rimangono, anzi dovranno rimanere, e ve li dovrete mettere via.

Non vi sto dicendo che sarà facile, ma sono stato anche io povero in canna e so che questo è un metodo che funzionerà!

Se all'inizio sarete in questa situazione, sarà una cosa che dovrete fare fin dall'inizio, cosi come per iniziare un nuovo business dovrete apprendere nuove abilità.

E' un atto di violenza che andrà fatto all'inizio e che vi aiuterà tantissimo dopo.

Lasciate perdere i caffè, le pizze, i ristoranti, gli aperitivi ecc. anche se vi diranno che starete diventando asociali.

Quando tutti vi diranno che starete diventando asociali o quando tutti vi inizieranno a prendere in giro, vorrà dire che starete andando benissimo.

Quindi, cosi facendo, vi metterete via i primi 1.000 $.

Ovviamente in tutto questo, non esisterà la carta di credito, dato che sarete ancora poveri non potrete averla.

In America c'è gente che è rovinata per aver preso la carta di credito.

Ci sono persone in debito di oltre 100.000$.

Fortunatamente in Italia, o in Europa non ci danno fidi cosi grandi, ma un fido di 1.500€ su uno stipendio di 1.000€ è da criminali !!

Dovrete capire che a livello stilistico, solo il contare i soldi vi farà sentire più tranquilli, perché direte "c'è questo, quindi questo si può spendere e quest'altro non si può spendere".

Questa è una disciplina che dovrete inculcare anche ai vostri figli, perché altrimenti i vostri figli rimarranno poveri per tutta la vita.

Ho fatto recentemente questo discorso a persone molto vicine a me.

Se convincerete i vostri figli che i soldi saranno solo una cosa teorica, che poi si troveranno (non si capisce dove), i figli cresceranno senza capire che i soldi hanno dei limiti.

Avere un mindset di scarsità non va bene, ma non bisognerà nemmeno essere ingenui.

La prima regola della ricchezza è spendere meno di quello che guadagnerete.

Dovrete imparare a vivere col 50% di quello che guadagnerete.

Ovviamente le percentuali cambiano mano mano che guadagnerete sempre di più.

Personalmente in certi mesi, posso mettermi via anche l'80% di quello che guadagno.

Le percentuali sono: 50% da dedicare al costo della vita, 15% investimenti short term, 15% investimenti long term, 10% carità, 10% vizi.

All'inizio dovrete mettervi via il 20% di quello che guadagnerete.

Poi salirà al 40%, e poi vi potrete mettere via fra il 60 e il 70%.

Però questo verrà dopo.

La base resterà comunque questa.

All'inizio sarà fondamentale capire e applicare queste cose.

Questo è anche uno dei motivi per cui se siete all'inizio e state iniziando a fare business, vi consiglio di vendere ad alto prezzo.

Infatti all'inizio dovrete ricevere una quantità di soldi che vi farà staccare da terra.

Se venderete a basso prezzo, non riuscirete mai a staccarvi da terra e arriverete sempre a fine mese con l'affanno.

Poi andrete al bar e vi spenderete quei pochi soldi che vi saranno entrati.

Invece dopo un po' dovrete iniziare a creare una disproporzione fra quello che spenderete e quello che vi entrerà.

Mettiamo il caso che all'inizio abbiate come obiettivo quello di mettervi via un'eccellente liquidità, che non sarà nulla di che, ma che almeno vi farà sentire parecchio coperti: 100.000€ partendo da zero (del come fare nello specifico ve lo spiegherò nel terzo capitolo di questo libro).

I primi 100.000 € saranno emblematici, perché quando sul conto vedrete una cifra in più (ovviamente prima toglietevi dai debiti e poi iniziate ad accumulare soldi) capirete che ce la starete facendo, e quindi vi spingerete sempre oltre.

E' importante rendersi conto che non riuscirete mai a mettervi da parte 100.000€ vendendo prodotti a basso costo.

Perciò sarà importante che all'inizio abbiate questa disproporzione fra entrate e spese per poter accumulare soldi il più velocemente possibile.

Come uscire dai debiti?

Dovrete prendere un foglio di carta e fare la lista dei vostri debiti dal più piccolo al più grande.

Poi farete i pagamenti minimi richiesti su tutti, e userete tutti i soldi che avrete, per ripagare il primo.

Attaccherete il primo debito con aggressività.

Ora, una volta estinto il primo, sarete molto più motivati!

Non sarà più il momento di bere il caffè, o di fare l'aperitivo!

Quello verrà dopo!

Quindi pagherete il primo debito, ve lo toglierete subito dai piedi, e questo vi darà più soldi per pagare il secondo.

Infatti così, non vi serviranno più i soldi per pagare il primo e così attaccherete il secondo.

Adesso farete la stessa cosa per il secondo.

Estinto il secondo avrete più soldi per attaccare il terzo.

A questo punto sarete in "modalità bestia" e attaccherete il quarto.

E cosi fino alla fine ci sarete riusciti, e li avrete ripagati tutti.

Questo metodo è matematicamente sbagliato, ma fa nulla !

Anche l' università di Harvard ha confermato che questo è il metodo migliore !

Non è tanto un discorso matematico, ma dovrete sentire dentro di voi che state vincendo !

Ora, a livello di interessi generali, finirete che avrete pagato un po' di più ma non sarà quello il punto.

Vi ripeto che il punto fondamentale sarà che per la prima volta avrete la sensazione che ce la state facendo !

Perciò pagate prima i debiti.

Questo è un discorso che si applicherà a gente che non avrà idee di ricchezza, ma sarà la base per persone che vorranno uscire dai guai e rimettersi in carreggiata, quantomeno senza avere il fiato sul collo dei creditori.

Questa è la base per chi ha pochi soldi.

Poi, una volta usciti da questa situazione, se vorrete fare il passo per la ricchezza usando la leva bancaria e prendendo la carta di credito, svuotandola e riempiendola ogni mese per avere accesso al credito andrà benissimo !

Ma se all'inizio sarete con la corda al collo, vi saranno molto utili i consigli che vi ho appena dato.

Quindi primo step: avere 1.000€ in banca che non toccherete.

Questa sarà la prima cosa per le emergenze perché altrimenti non riuscirete mai a pagare i debiti perché avrete delle spese assolutamente inutili.

Poi attaccherete tutti i debiti con aggressività e li estinguerete.

Una volta estinti i debiti, inizierete a mettervi via almeno il 20%.

Poi da lì si potranno fare tutti i ragionamenti del caso.

Ora so per certo che molti lettori non mi ascolteranno e va bene.

Io vi sto dando questi messaggi per aiutarvi.

Ma alla fine l'ultima parola spetterà a voi e potrete tranquillamente fare a modo vostro.

Un'altra cosa importante che dovrete imparare in linea generale è quella che dovrete mettervi via i soldi (e di questo ne parliamo per bene nel prossimo capitolo).

Se non vi metterete via i soldi non potrete nemmeno iniziare i vostri business.

Tutti i vari guru che vedete su internet non hanno liquidità!

Fidatevi di questa cosa !

Le Ferrari, lo champagne, si sboccia poveri ecc. ecc. sono specchietti per le allodole.

Ci sarà un momento anche per questo, ma non all'inizio!

Non fatevi trarre in inganno dallo stile di vita sfarzoso che vedete in giro.

Molta gente finge, e quelli che non fingono ci hanno messo anni per arrivare dove sono arrivati !

All'inizio dovrete fare delle rinunce e dovrete pedalare a testa bassa!

All'inizio ho evitato anche i caffè perché avevo necessità di mettermi da parte i primi soldi per iniziare i miei business.

Prossimo mese però volerò con Emirates in prima classe, e mi potrò fare anche la doccia a bordo, avrò una suite personale, e avrò un cameriere personale.

Arriverà il tempo e il momento in cui viaggerete in prima classe o in business class e sarà importante anche quello, arriverà il momento in cui vi potrete permettere la macchina bella, ma posticipate tutto questo per adesso !

Datemi retta!

So che vi sto parlando come vostro nonno, ma vostro nonno non era povero !!

Se dite a vostro nonno che guadagnate 1.000€ e che volete comprare un telefono da 1.000 € sono certo che vi tirerà due sberle.

C'è però un motivo !

Il motivo è che non ve lo potrete permettere.

Cosa è questa storia che avete tutti l'IPhone?

Lo so che vi dà fastidio, però è così!

Prima si pensa a incamerare del denaro e a pagare i debiti.

Ora, so che se avrete invece la mentalità della ricchezza e sarete in grado di fare certe cose mi direte che incamererete entrate che pagheranno i debiti.

Mi può star bene.

Questo capitolo però è per una finanza personale soft.

Dovrete essere assolutamente fanatici.

Le altre cose lasciatele fare agli altri.

Lasciate perdere le discoteche!

Dovrete avere un piano, da soli o col vostro partner !

Sarà di primaria importanza che voi usciate da questa situazione, perché sarà molto facile avere un mindset che non va bene.

Considerate che ci sono persone che in questa situazione ci restano tutte la vita, e vi assicuro che non se la passano bene.

Avere un budget e spendere meno di quello che guadagnerete (soprattutto all'inizio) non è scarsity mindest, ma significherà essere intelligenti.

Un'altra cosa sarà invece dire o pensare "sarò povero tutta la vita e non ce la farò mai" e quindi pensare che quella sia la condizione normale.

Quella non è la condizione normale !

La condizione normale è una condizione di abbondanza e di generosità.

Per esempio la condizione normale è quella di dare 10€ quando esci dal ristorante se c'è il venditore di rose, o dare la mancia al cameriere da Cracco, o aiutare i bambini orfani o gli animali randagi facendo loro beneficienza ecc. ecc.

Ci sarà un tempo e un luogo per comprarvi ciò che vi piacerà, prima però bisognerà farsi il budget e mettersi via i primi soldi, soprattutto se si partirà da molto in basso, perché non avrete molto gioco.

Un danno da 300€ all'inizio sarà un danno monumentale e per questo bisognerà stare attenti a ciò che si farà.

Nel momento in cui avrete questa disciplina (budget, mettervi via i soldi, nessuna carta di credito), avrete già messo delle solide basi per una futura prosperità finanziaria!

CAPITOLO 2

L'IMPORTANZA DI ACCUMULARE SOLDI E DI USCIRE DALLA POVERTA'

Una delle cose che "ammazza" la vendita è la scarsità di denaro da investire in marketing.

Dovete sapere che le persone danno i soldi ad altre persone quando percepisco che le stesse non hanno un bisogno impellente di soldi.

Perciò dovrete mettervi in una condizione di non avere l'acqua alla gola e che non vi servano soldi imminenti per pagarvi le spese quotidiane.

Se non risolverete quanto prima questa situazione, sarete in un circolo di povertà tutta la vita.

Se sarete disperati e avrete pochi soldi, sarete nella condizione in cui proverete a vendere in tutti i modi (non solo di persona, ma anche con i video, con un evento, con una consulenza ecc. ecc.).

Il problema è che dato che sarete disperati, sarà molto difficile vendere, in quanto il cliente percepirà che avrete bisogno impellente di soldi.

La mente inconscia delle persone percepirà che sarete bisognosi, e quindi nessuno vi vorrà dare dei soldi visto che in linea generale è molto difficile vendere quando si è bisognosi.

Diventerà invece incredibilmente facile vendere quando a voi "non interesserà molto" (o almeno farete percepire alla gente questa sensazione) chiudere la vendita.

In quest'ultimo caso è ovvio che vi farebbe piacere portare a casa una vendita in più, però sarete molto più tranquilli in quanto saprete a priori che il pane a casa lo porterete lo stesso e quindi non avrete questa fretta.

Sarete abbastanza coperti, e avrete i vostri soldi in banca che vi faranno dormire sereni e tranquilli.

Il vostro scopo dovrà essere quello di mettervi in una situazione di sicurezza il più presto possibile.

Per questo motivo se oggi non avete soldi in banca (ed io sono un grande fan dei soldi in banca) DOVRETE arrivare a una situazione che vi porti ad averli e a sentirvi meno ansiosi.

Ci sono varie scuole di pensiero.

Dal mio punto di vista dovrete avere minimo tre anni di vita in banca, meglio se dieci anni, meglio ancora se non dovrete più lavorare per il resto della vostra vita.

Chiaramente questa cifra dipende dallo stile di vita che avrete.

Se avrete uno stile di vita da €30.000 al mese, la cifra da avere ferma in banca sarà circa un milione di euro (per tre anni).

Mentre per dieci anni quella cifra sarà pari a tre milioni di euro.

Se avete 30 anni e vivrete fino a 80 anni (non contando che c'è l'inflazione) vi serviranno più di 15 milioni di euro (ovviamente uno stile di vita da 30.000 euro al mese è uno stile di vita molto alto).

Ora, avendo fatto questo calcolo ed essendo consapevoli di questo, approccerete la vita in modo completamente diverso.

Non cadrete nelle trappole, (o quantomeno ne eviterete alcune) la finirete di cercare i soldi facili o di chiamare investimenti cose che si chiamano fregature, e soprattutto approccerete le cose con una tranquillità diversa.

Ora voi mi direte "tutto ciò che ci stai dicendo è logico!"

Io infatti vi rispondo che, anche se tutto ciò è logico, purtroppo non lo state facendo.

Dovreste porre l'enfasi nell'accumulare denaro e nel diventare ricchi.

Ci sono diverse opinioni in merito: c'è chi dice che bisognerebbe lasciare i soldi in azienda perché altrimenti saresti un imprenditore irresponsabile, c'è invece chi dice che bisognerebbe prendere sempre i soldi e staccarsi dei dividendi, c'è chi dice che bisognerebbe investire quei soldi.

La verità è che potrete fare un po' quello che vorrete, ma l'importante è che vi mettiate in una situazione dove non avrete l'ansia perenne ogni giorno per ogni spesa che dovrete affrontare.

In realtà questa situazione sarà leggermente più lontana di quello che immaginate.

La tranquillità verrà dopo.

Di solito qualunque sia questa cifra che voi pensiate che vi serva, dovrete moltiplicarla per 10.

Se vi sentirete tranquilli avendo € 1.000 in banca non è che sarete sicuri di voi, ma semplicemente sarete stupidi.

A me è capitato di parlare con gente che mi diceva di essere sicura di sè stessa, avendo una cifra simile in banca.

In questi casi non c'è da essere sicuri, ma è come andare a fare la guerra con la clava mentre l'avversario utilizza le mitragliatrici: anche se sei sicuro di te stesso ti mitragliano e ti fanno fuori lo stesso.

Perciò se oggi non avete dei soldi accumulati in banca dovreste essere in panico.

Ci dovrebbe essere più gente in panico e in fase accumulo e meno gente che parla di massimi sistemi o di cose che assolutamente non capisco.

Da qui la famosa disproporzione tra quello che spenderete e quello che guadagnerete o che farete con l'effetto duplicazione del network o che farete vendendo a prezzi alti, o che farete vendendo un software dal quale potrete avere da vivere con un modello subscription.

Agite come volete, ma l'importante è che vi diate una mossa.

Se siete agli inizi, non vi esorto a spendere o ad accumulare soldi, in quanto i primi soldi andranno rimessi in un sistema virtuoso per farne altri.

Se non farete cosi, non prenderete mai i soldi dalla vostra azienda, non avrete mai i soldi in banca, e non generete cash flow per il semplice motivo che non farete mai crescere un'azienda.

Se all'inizio fate 300 € al mese dovrete reinvestirli per poterne fare 1.000 €.

Poi successivamente dovrete reinvestire ancora quei 1.000 € per farne altri 5.000 €.

Poi quando sarete a 5.000 €, se potrete prenderne 500 € e metterli da parte andrà bene perché dovrete arrivare a un punto in cui reinvestirete e vi potrete anche prendere del profitto.

La verità è che dovrete avere l'enfasi su tutto ciò, perché se non darete valore al fatto che dovreste avere dei soldi in banca, questo molto semplicemente non accadrà.

Ci sono persone che continuano a sbattere le ali e fare un sacco di cose ma che poi al netto della questione non hanno i soldi e se non avrete i soldi in banca non solo non potrete reinvestirli ma sarete sempre con l'acqua alla gola (cosa che non dovrebbe mai accadere).

Non solo non dovreste mai avere l'acqua alla gola, ma non doveste mai reinvestire tutto quello che avete.

Tutto ciò non va assolutamente bene perché dovreste tenervi dei soldi per quando le persone (a mio avviso in maniera stupida) che avranno investito tutti i loro soldi comprando degli assets, saranno costrette a rivenderli perché all'improvviso avranno bisogno di liquidità e quindi voi potrete acquistare i loro assets col vostro cash a un prezzo più basso dell'attuale valore di mercato per poi aspettare che tali assets si apprezzino e rivenderli facendoci un grosso margine.

Ve lo rispiego: uno dei motivi principali per i quali dovreste tenere i soldi in banca (e anche tanti) è perché se io ho i soldi, e tu invece hai investito tutto in asset, quando ti capiterà un problema, dato che avrai il conto bancario vuoto, ti servirà liquidità imminente, perciò dovrai per forza di cose rivendere uno dei tuoi asset a me (che avrò la liquidità necessaria per ricomprarlo) a pochissimo.

Poi, quando questi asset si apprezzano, io potrò rivenderli e marginare parecchio.

In questo modo io sarò sempre avvantaggiato.

Perciò il non avere soldi liquidi e fermi in banca non è assolutamente una cosa realistica.

Un'altra cosa importante è che dovrete conoscere la vostra soglia di tolleranza.

Ci sono persone che hanno una tolleranza più alta e persone che hanno una tolleranza più bassa.

Molte persone secondo me approcciano questa cosa dalla prospettiva sbagliata perché si preoccupano del fatto che in banca non hanno gli interessi.

I soldi in banca sono un'assicurazione, e non un investimento.

Non va tutto investito.

Nella vita c'è anche il verbo "pararsi il fondoschiena" voce del verbo "parare" (cosi come fa un portiere).

Quindi, l'avere una riserva di cash necessaria a farvi stare tranquilli cambierà la vostra attitudine e il vostro approccio.

Non sarete più costretti a fare delle scelte di corto periodo.

Se invece non avete soldi, sarete costretti (perché l'ansia si impossesserà di voi) a fare delle cose dove non potrete guardare più in là del vostro naso perché altrimenti non avrete i soldi per arrivare a fine mese e per le spese di routine.

In questa situazione otterrete risultati pessimi che non vi faranno avere soldi per iniziare a "ingranare".

Vi dovrete togliere da questa situazione quanto prima e non mi interessa come lo farete.

Ci saranno due cose fondamentali che faranno la differenza: i soldi che avrete in banca, e il cash flow dato da asset che vi sarete comprati con i vostri soldi oppure a debito.

Dopo un po' dovrete iniziare ad accumulare perché se continuerete a rispendere tutto, avrete il problema che non potrete accedere alle opportunità e quindi vi lascerete scappare degli ottimi affari perché non avrete da parte denaro a sufficienza.

Io (per esempio) non sono obbligato a fare le partnership.

Quando vedo certe situazioni, mi accorgo che la gente è senza soldi perché razionalmente non farebbe mai partnership con certe persone dalla fama poco raccomandabile.

Molti degli Americani che fanno dei lanci sono persone che non stanno né in cielo né in terra, ma li devono fare in quanto non hanno altra scelta.

Innanzitutto per iniziare, bisognerà convincersi del fatto che sia giusto avere dei soldi in banca e quindi bisognerà capire cosa significa essere ricchi.

La maggior parte della gente vuole lo stile di vita dei ricchi, ma non vuoi fare ciò che loro hanno fatto per permettersi quello stile di vita.

Ciò che loro hanno fatto è stato risparmiare i soldi e poi investirli.

Se non si risparmia e non si investe non si diventerà mai ricchi.

Questo è poco ma sicuro !

Bisognerà prima risparmiare i soldi e poi investirli.

Provate a pensarci.

Non esiste un modo di diventare ricchi se non risparmierete soldi e non li reinvestirete e non venderete dei prodotti o dei servizi a delle persone che li compreranno.

Perciò dovete capire l'importanza del risparmio e dell'investimento e dovete capire anche che queste due cose dovranno essere gerarchicamente superiori al valore che avrete nello spendere soldi.

Molte persone vogliono la vita dei ricchi senza i valori che li porteranno lì.

Tutti quelli che mi chiedono perché non mi compro la Lamborghini, il motivo è perché una Lamborghini costa 2-300.000 euro (non noccioline).

Personalmente preferisco tenermi quei soldi in banca oppure investirli per generare molte più entrate perché la verità è che la vita a cui voi ambite è molto più costosa di ciò che immaginate.

Questo ve lo dico perchè ho uno stile di vita piuttosto alto.

Molti pensano che, arrivando a guadagnare €10.000 al mese saranno apposto per sempre.

Purtroppo la vita che la gente vede a 10.000 € al mese è la vita che in realtà sarebbe da €30.000 al mese.

Io per esempio mi faccio il budget...se tutto ciò vi sembra strano, semplicemente non avete una mente matematica e non capite quali sono gli standard.

La gente crede che un milionario possa comprarsi tutto ciò che vuole.

Teoricamente è cosi, ma matematicamente no.

Nemmeno l'uomo più ricco del mondo può comprarsi tutto quello che vuole.

Dovrete avere un budget, e dovrete abituarvi a fare le cose che vi ho detto di fare ma che voi non state facendo e quindi ve le ripeto: prima di tutto vi dovrete fare uno o più conti bancari (per l'accumulo) che non toccherete (possibilmente in diversi paesi e in diverse valute); poi appena vi arriveranno i soldi, dovrete prenderne una parte subito e metterla in saccoccia dove non li vedrà più nessuno (questo fatelo non appena potete).

C'è chi dice che questa è una cosa da fare al più presto.

Io invece reinvestirei i primi soldi per incominciare ad avere un cash flow mensile e, nel momento in cui potrete, dovrete metterveli via in modo automatico.

Perciò sarà importante impostate una percentuale da mettere da parte automaticamente.

Questo trasferimento non andrà fatto a mano, ma andrà impostato automaticamente in un conto dove (possibilmente) non avrete la tessera.

Il risparmio, come la crescita del cash flow mensile è misurabile quindi se spenderete più di quello che guadagnerete starete sbagliando!

Quando vedrete crescere il vostro conto mese dopo mese, capirete che starete concludendo qualcosa.

Successivamente capirete che starete andando nella giusta direzione quando vorrete spender soldi per qualcosa di futile, ma non lo farete.

Gli adulti hanno un piano, mentre i bambini spendono impulsivamente.

Onestamente sono stufo di sentire gli adulti che dicono cose stupide del tipo “no ma io mi sento che...ma io credo che...ma secondo me” ecc.

Tu non ti senti nulla e devi solo stare muto, perché sei un adulto e non un bambino.

Quindi, mentre i bambini fanno tutto ciò che vogliono, gli adulti devono avere disciplina (anche a me piacerebbe fare delle cose, ma per desso è troppo presto perché se dovessi spendere soldi per una Lamborghini o per un aereo privato ecc. mi brucerei).

Per adesso preferisco creare prosperità a lungo termine.

Tutti i miei cari colleghi americani, appena hanno un po' di soldi li spendono in Lamborghini con 3.5.000$ al mese di leasing o 250.000 dollari di Down Payment e adesso sono in debito di 250.000 $.

Una scelta di vita fatta in questo modo, soprattutto se si è giovani, sarà totalmente errata!

Quindi che cosa farà il risparmio e l’accumulare denaro (a parte cambiare come vi sentirete dal punto di vista emotivo)?

Vi metterà sulla strada giusta per essere ricchi nel futuro.

Se spenderete tutto quello che incasserete, avrete una delusione mentale, cioè una fantasia chiamata ricchezza.

La ricchezza è tale per cui io dovrò spendere meno di quello che guadagnerò.

I ricchi sono tali perché spendono meno di ciò che guadagnano e si fanno un budget.

La classe media e i poveri credono che essere ricco significa spendere tutto.

In realtà non è cosi...anzi !

Se vedete l'imprenditoria come un progetto di vita di vincere contro tutto o come il sogno della vostra vita a me va bene però non c'entra niente con la ricchezza.

Se volete essere ricchi, dovrete prendere dei soldi dalla vostra azienda e metterli da parte.

Dovrete avere prima di tutto un'enfasi, ovvero dovrete decidere che questo è quello che farete.

Questo è un discorso soggettivo.

Non potrete dire di essere ricchi se avrete €20.000 in banca.

Se questo discorso vi fa arrabbiare siete sulla buona strada.

Dovrete essere disgustati, dovrete capire che il cuscinetto di soldi in banca da tenere fermi vi serve !

La prima regola per diventare ricchi è sicuramente spendere meno di quello che guadagnerete.

Come dice Warrent Buffet, dovrete spendere quello che vi rimarrà dopo aver risparmiato e non risparmiare quello che rimarrà dopo aver speso.

Faccio un esempio per quelli di voi che faranno (o fanno) i venditori: se uscirete in trattativa ed avrete il conto a zero, si vedrà dal vostro atteggiamento e dal vostro comportamento e sarete nei guai.

Più continuerete a spendere soldi in cose inutili, (la macchina o il vestito o il viaggio) peggio sarà per voi.

Ve lo ripeto: dovrete spendere i soldi dopo che avrete risparmiato.

Quindi prima risparmiate, e poi spendete ciò che vi rimane (e non risparmiare quelli che restano dopo aver speso).

Appena vi arriveranno i soldi dovrete prima di tutto metterli da parte in un conto che non toccherete.

Lo stesso discorso va fatto se avete un'azienda o qualunque cosa che vi da da mangiare.

Ora, concordo sul fatto che dovrete reinvestire in marketing, però ho notato la mania del lasciare soldi in azienda con la scusa di farla crescere.

Vi dico subito che questa cosa non serve !

Prima di tutto se farete cosi e vi dovesse capitare un problema e avrete i soldi in azienda, ve ne andrete a gambe all'aria perché non avrete liquidità per far fronte a quel problema.

Un'altra cosa importante è che i soldi dell'azienda (a meno che non siate in un paese esentasse) NON saranno i vostri e quindi VOI non li avrete.

Quello che succederà se doveste decidere di lasciare i soldi in azienda è che sarete nella posizione peggiore perché avrete uno stile di vita alto.

Se però non vi passerete dividendi e (per esempio) avrete necessità di far fronte a una spesa come potrebbe essere il fare improvvisamente un bonifico di 100.000 € sarete nei guai.

Quindi vi ripeto per la centocinquantesima volta che dovrete prendere dei soldi e metterveli via.

Più ne avrete e meglio sarà perché più vi sentirete sicuri.

Dovete essere in panico se avete 18 - 20 anni e se partite da zero.

Quasi tutti partono da zero.

A tutti quanti piacerebbe iniziare a fare business avendo da parte un sacco di capitale.

A tutti quanti piacerebbe avere papà, o mamma ricca.

Le possibilità che voi nasciate in una famiglia ricca e poi all'interno di quella famiglia ricca, "il papi" sia cosi stupido (o intelligente a seconda) da regalarvi un milione di euro saranno pressochè nulle.

Quindi dovrete per forza di cose rassegnarvi al fatto che partite da zero.

Partire da zero vi farà conoscere una vita assurda!

Se all'inizio avrete zero in banca, attrarrete persone che avranno zero in banca, e se continuerete a parlare di quanta povertà e miseria ci sia, guadagnerete sempre meno, cosi vi sembrerà normale non avere soldi e vivrete a debito.

Poi appena si romperà la macchina e dovrete pagare €500, o €1.000, oppure €1.500, il vostro mondo girerà totalmente attorno alla macchina.

Poi tornerete a casa e direte ai vostri figli o a vostra moglie che si sarà rotta la macchina, e a casa si parlerà esclusivamente della macchina rotta.

Poi chiaramente si inizierà a litigare perché quando si hanno problemi di soldi generalmente ci si sente come se non si respira.

I soldi sono come l'ossigeno: non potete non averne.

Una delle cose che paga è proprio capire questa cosa.

La dovete smettere di dire che i soldi non sono importanti.

Io (per esempio) voglio sempre alimentare il mio conto in banca.

La gente crede che chi la pensa cosi è insicuro.

A mio avviso meglio essere insicuri coi soldi in banca che essere sicuri col conto a zero.

Secondo voi chi è più furbo o più coperto tra me e chi pensa la stupidaggine dell'insicurezza se un domani dovesse capitare un incidente a entrambi.

Per esempio io ho deciso che non farò più investimenti immobiliari fino a che non raggiungerò una certa cifra e voglio tenermi molto di più di quello che avevo preventivato.

E' corretto pensare che bisogna avere un tot in banca, (2-300.000 €) ma non bisogna mai accettare una cifra fissa.

Questo l'ho notato su di me.

Ho notato che ciò che mi fa fare un salto è anche la quantità dei soldi che ho in banca.

Quindi, per modificare la vostra identità è molto utile andare oltre la cifra che avevate prima.

Per esempio io ho avuto diversi blocchi nella mia vita.

Magari potrete arrivare al punto in cui avrete (per esempio) all'inizio € 6.000 in banca.

Poi quando arriverete a € 10.000 vi sentirete sicuri.

Infatti ci sarà una quantità di soldi che vi farà sentire abbastanza sicuri.

Per me quel livello è 500.000€.

Infatti con 500.000 € mi sento abbastanza sicuro.

Però io non ho via solo 500.000€, ed ho saltato vari livelli.

Quando ero "a mio agio" a 50.000€, mi sono sforzato di modificare questa cosa e sono andato a modificare la mia identità.

Questo perché volendo trascendere in quel momento dalla mia zona di confort, e dall'essere a mio agio, dovevo per forza di cose sforzarmi di diventare una persona di un altro livello.

Tutti quanti abbiamo una soglia che se superata entriamo in modalità spesa.

Si chiama appunto zona di confort ed accade a qualsiasi livello.

Mentre sotto tale soglia entriamo in modalità lavoro.

Un ostacolo grosso secondo me è saltare i primi 100.000€.

Quindi di conseguenza, una cosa molto importante è avere più di 100.000€ in banca.

Prima salterete quello step e meglio sarà.

L'altro step sarà quello del milione e poi dei dieci milioni.

Però lo standard sarà lo stesso.

Infatti (per esempio) potrete avere l'inghippo a 1.2 milioni, non riuscendo mai a superare quella soglia.

Poi appena la supererete arriverete subito a 1.8 milioni che è tanta roba comunque!!

Non è tanto quanto sia importante quella cifra, ma come vi sentirete sicuri come persone.

Un'altra cosa importante da considerare è che se non avrete da parte dei soldi, gli investimenti che potrete fare, saranno sempre limitati.

E' vero che si potrà sempre investire senza soldi, ma avrete sempre l'ansia nel caso qualcosa andasse male.

Per esempio: se io dovessi investire 100.000€ in borsa e domani la borsa dovesse andare già mi importerebbe ben poco.

Dovete parlare di queste cose (che non vi dirà mai nessuno) ed essere consci di tutto ciò altrimenti non otterrete mai nulla.

Per esempio, se sarete senza soldi come farete a fare investimenti immobiliari?

All'inizio dovrete essere seri nel trovare un mercato e nel vendere e monetizzare quel mercato.

Per far questo vi servirà il marketing!

Non sto dicendo che il marketing vi serve perché l'ho stabilito io o perché me lo sono sognato la notte dicendolo a migliaia di lettori che ci credono ciecamente senza conoscere il perché.

Credo che un discorso del genere sia abbastanza logico.

Dovrete trovare un segmento di mercato e vendere ad esso beni o servizi o entrambe le cose.

Se vorrete avere una disproporzione fra quello che guadagnerete e quello che vi metterete da parte, dovrete avere dei soldi che vi faranno vivere la vita diversamente e che vi faranno essere molto più tranquilli.

Perciò se avete una cartoleria o un bar siete nel business sbagliato!

Se farete questa obiezione alla gente, vi risponderanno che qualcuno dovrà pur aprirlo un bar o una cartoleria...bè secondo me è meglio che non siate voi!

Dal mio punto di vista sarà meglio che entriate in un business dall'altissimo profitto e dalla notevole liquidità!

Un'altra cosa importante da prendere in considerazione è che le persone hanno una differente soglia di sicurezza, ma in ogni caso la sicurezza che vi darà il denaro, non ve la darà mai nient'altro, perché i soldi avranno molta importanza in tutto ciò che farete.

Perciò, per tutti i vari geni che stanno leggendo e che penseranno di essere sicuri anche senza soldi, credo che queste siano solo scuse della gente che non ne ha.

Mettiamo il caso che in questo momento vi si rompe la macchina e avete 2.000€ in conto...è una tragedia o no?

Mettiamo che vi si rompa la macchina ed avete 200.000€ in conto.

Sapete cosa succederà?

Cambierete la macchina o semplicemente la riparerete.

Non solo...ma i vostri amici neanche lo sapranno perché non glielo direte.

Sarà un processo cosi tanto fluido e veloce, che ci darete poco peso.

Il problema è che avreste potuto avere in banca questi soldi, ma quando c'è il periodo delle vacche grasse non si pensa mai a mettere da parte per i periodi di magra che potrebbero capitare.

Io stesso ho avuto un anno in cui non ho guadagnato niente e mi sono rimesso in gioco dopo il mio fallimento.

In questo anno mi sono rimesso a studiare e ad imparare, non bevevo più il caffè, non facevo più nulla e risparmiavo su qualsiasi cosa.

Avevo anche smesso di fumare, studiavo come un pazzo, non ci capivo niente su cosa stessi facendo.

Poi quando ho ricominciato a guadagnare tanto, devo dire che la mia vita è andata abbastanza bene.

Mi sono anche divertito, ed ho fatto delle spesucce.

Magari un'altra persona la penserà diversamente.

Penserà che si vive una sola volta e al posto mio si sarebbe presa la Lamborghini pensando che magari l'anno prossimo potrebbe essere senza soldi.

Invece proprio perché magari l'anno prossimo potreste essere senza soldi, adesso bisognerà mettere da parte il denaro.

Se siete giovani e a 22-23 anni guadagnate due milioni all'anno e non siete stupidi, potrete modificare completamente tutto il vostro albero genealogico.

Ma non lo potrete fare se quei soldi ve li spenderete tutti.

Dovete sapere che il risparmio (per sua stessa natura) è un po' più difficile di quello che credete perché, la liquidità in banca la hanno in pochissime persone.

Vi spiego: fra tutti quelli che guadagnano 50.000 € al mese, ci sono persone che non hanno in banca 50.000 €.

Vi posso assicurare che è cosi.

Quindi anche fra l'elite di persone che guadagnano così tanto, quelli che guadagnano tanto e che hanno i soldi in banca sono molti di meno di quelli che pensate.

E' un po' come quando dico che trovare una donna bella e intelligente è raro (poi mi dicono che sono maschilista).

Non intendo quello che intende la gente, ma semplicemente se una è bella ed è anche intelligente è più raro rispetto ad essere solo bella o solo intelligente.

E' molto più facile trovare una donna con una sola delle due qualità che trovarne una con entrambe le qualità.

E' semplicemente matematica.

Avere entrambe le qualità è più difficile, e su questo non si discute !

Moltissime persone che parlano di investimenti immobiliari, di trading ecc. ecc. non hanno assolutamente queste caratteristiche e quindi questo è un problema oggettivo.

Il vostro grado di confidence crescerà con l'aumentare dei soldi che avrete in banca perché per gestire una nuova quantità di soldi dovrete avere una nuova struttura emotiva.

Potrebbe succedere che potreste avere (paradossalmente) più paura con più soldi in banca.

A me è capitato, quando avevo dei soldi in più e sono passato da 10.000 € al mese a 30.000 € al mese di sentirmi meno sicuro.

Ci sono persone che dicono di essere più tranquille con pochi soldi in banca.

Secondo il mio modestissimo parere non dovete frequentare queste persone !!!

Se avete mire espansionistiche perché vi mischiate con quella gente ?

Non ha senso !

A livello di mindset può essere incredibile avere via una certa cifra.

Vi faccio un esempio: per gli americani è molto più difficile che per gli italiani.

Solitamente gli americani non risparmiano !

Generalmente il 67% degli americani (e potete trovare la statistica online) non ha nemmeno $1.000 da parte.

Vi pare normale?

Io potrei aumentare di molto il mio stile di vita basato su quanto guadagno.

Fa niente, mi sforzo di non farlo.

E questa è una sofferenza.

Non solo, ma col senno di poi a volte mi dico "potevo aspettare ad alzarlo così "perché in realtà il punto in cui tu puoi spendere e spandere senza ritegno oppure il punto in cui sei così tranquillo che non fa differenza è molto oltre quello che normalmente si immagina.

Io non credo (per esempio) che questo punto sia avere 10 milioni in banca.

Quando le persone mi dicono che vorrebbero ritirarsi con 10 milioni in banca io gli dico che probabilmente non hanno fatto bene i conti.

30.000 € al mese (che è generalmente lo stile di vita che la gente vorrebbe guadagnandone 10.000 al mese) per i prossimi 60 anni sono 21 milioni.

Ma magari vivrò anche più dei prossimi 50 anni, e quindi mi serviranno più soldi da mettere da parte in banca.

In linea generale il necessario è fra i 30 e i 50 milioni e non un paio come pensa la gente comune.

Avendone un paio sareste più tranquilli ma non basteranno. Se dovesse succedere qualcosa, sareste solo più tranquilli senza dovervi svegliare in modalità panico (e non sarà poco neanche questo).

Questo è il motivo per cui anche le persone che hanno tanti soldi, cercano di aumentare il loro cash flow.

Potrete sentirvi tranquilli ma non esserlo.

Mio nonno qualche volta diceva di sentirsi bene (anche se era malato).

Ma in realtà non stava bene e poi è deceduto.

Quindi è molto meglio stare bene che non sentirsi bene (chiaramente se si possono fare entrambe le cose è meglio).

La cosa migliore è l'oggettività, quindi lo stare bene (l'essere e non il sentirsi).

La priorità dei giovani dovrebbe essere diventare ricchi.

Sono convinto che la base del degrado sociale nel quale molta gente vive (come il crollo dei valori, gli stupri, i femminicidi ecc. ecc.) è la povertà.

Guarda caso la maggior parte delle violenze, delle rapine e dei reati non sono mai fatti (o quasi mai) da persone ricche.

La fatica e la miseria vanno fatte a vent'anni.

Infatti a vent'anni, se potete, fermatevi un attimo e andate meno a ballare, andate meno a sbronzarvi e focalizzatevi su un progetto imprenditoriale o su un progetto di ricchezza.

Se inizierete a 20 anni, con i mezzi che abbiamo adesso e soprattutto con l'online, se imparerete come fare marketing (non ve lo ripeto più) e quindi come servire un mercato scalabile, potrete fare soldi molto in fretta (se e quando lo capirete).

Se studierete la finanza personale, quando arriverete a 25 anni potreste essere in una situazione molto molto molto molto profittevole e molto diversa da quella di un comune venticinquenne.

Poi solo dopo i 25 anni andrete a Ibiza o a sbronzarvi.

Nel caso poi deciderete di mettervi in una relazione seria sareste anche più tranquilli perché potreste offrire di più alla vostra donna.

Potreste fare più i brillanti e sareste in grado di aiutare i vostri genitori al posto di essere un peso.

Cosi potrete andare via di casa al posto di fare i bamboccioni.

Non potete stare a casa con i vostri genitori perché al 99% anche se sono brave persone non vanno bene per il vostro focus e per i vostri obiettivi espansionistici.

Quindi datevi da fare prima e non dopo, altrimenti sarete disperati per tutta la vita.

Dopo sarete stanchi di tutto.

Io conosco moltissimi adulti che parlano solo del fatto che è tutto costoso e non se lo possono permettere.

È ora di finirla!

Avete già portato vostra moglie a Parigi con il jet privato nel weekend ?

No?

E sapete perché non l'avete fatto?

Perché a vent'anni non ci avete pensato!

O al massimo se ci avete pensato poi dopo vi sarete detti "no ma lo faccio dopo, no ma sono troppo piccolo, no ma io vado alla mia velocità ecc. ecc. ".

Un bel giorno magari a 40 anni vi deciderete, ma non avrete il coraggio di lasciare tutto o non riuscirete a cambiare.

E' molto più difficile cambiare lavoro a 40 anni che impostare la vita in un certo modo già a 20.

Per quelli di voi che mi leggono ed hanno "il pruritino" dico che diventare ricchi significa anche avere più controllo.

Chi ha più soldi ha anche più controllo.

Chi ha più soldi decide.

Potete credere che non sia così ma è così perché le vostre opinioni non contano.

Perciò il mio consiglio se siete giovani è quello di cominciare a 20 anni.

Io ho degli studenti che hanno 16 anni.

Chiaramente sono dei reietti della società (perché la società ha torto), ma tranquilli...gli amici verranno dopo e avrete degli amici di qualità molto migliore rispetto che agli attuali compagni di bevute.

Quindi se voi siete dei geni e vi aggirate per la scuola e vedete i vari bellocci della situazione piuttosto che le ragazzine non vi vogliono, ed avete tutti i vostri problemi esistenziali, state tranquilli...sarà tutto appianato nel futuro.

Io a scuola ero un bullo (il che non è esattamente come essere lo sfigato della scuola) però ero strano.

Vivevo tutta questa situazione perché avevo dei desideri diversi, degli obiettivi diversi, delle credenze diverse ecc. ecc.

Quindi cominciate subito!

Non è mai troppo presto per cominciare.

Libri, corsi, coach, studiate!

L'importante è che capiate che dovrete sistemarvi quanto prima dal punto di vista economico.

Dovrete accumulare quanti più soldi in saccoccia.

Dovrete avviare un business che vi dia cash flow in modo da essere più tranquilli quando investirete.

Se io adesso volessi comprare una macchina, non dovrei nemmeno pensare a quanto costa.

Questa cosa ha un effetto benefico sulla mia psiche.

Se io adesso volessi viaggiare, andrei in aereoporto e partirei.

Se oggi volessi organizzare un mio vento non avrei bisogno di mettermi a risparmiare per mancanza di cash.

Non dovrei stare attento alla location perché costa 20.000 30.000 0 40.000€ in più.

Che importa !!

Quello che costa...costa !!

Pagherei e fine.

Quindi questo dovrebbe spingervi a farvi mettere via dei soldini.

Non dovreste volere del cash flow mensile per comprare cose inutili perché nemmeno Dio onnipotente vi potrà mai garantire che guadagnerete a vita tanto quanto state guadagnando adesso.

Non sapete dove sarete fra un anno.

Per quelli che lasciano (o lasceranno) i soldi in azienda perché vogliono far crescere l'azienda, sappiate che la vostra azienda ve la triteranno !

Quindi non siate stupidi nel mettetevi dei soldi da parte perché la vita è lunga.

La vostra attitudine cambierà completamente e voi uomini rimorchierete di più.

A quale cifra dovrete puntare ?

Io direi minimo 100.000 €.

Quindi se avete 18 anni dovrete fissarvi l'obiettivo (per esempio entro i 22 anni) di avere via 100.000€ e in più dovrete iniziare a costruirvi il vostro cash flow.

Sappiate però che da solo il cash flow non basterà.

Perciò se credete che sia corretto lasciare i soldi in azienda per sempre o per 2 anni o 3 anni o 5 anni per poi tirarvela siete sulla strada sbagliata !

Sembra che le persone facciano di tutto per tirarsela perchè non fanno soldi.

Il non avere soldi è un paradigma (un'abitudine).

Nel senso che non averli è semplicemente una cosa a cui siete abituati e quindi ci si può abituare anche del contrario. Una delle cose più utili da fare è liberarsi prima di tutto del giudizio degli altri e poi del consumismo.

Se adesso non avete i soldi ma avete l'iPhone di ultima generazione oppure se non avete soldi ed avete un'American Express siete sulla cattiva strada.

Alcune persone non hanno i soldi ma hanno l'American Express e vanno in debito.

Se non avete soldi non potete andare in debito e la carta di credito non potete averla.

Questo è semplicemente un dato di fatto.

Considerate anche che i numeri di cui vi ho parlato in questo capitolo, e mettete in conto che se avete (o avrete) dei figli andranno moltiplicati, in quanto c'è una soglia di tolleranza che dovrete avere se siete single, ed una soglia completamente diversa se siete in due, e una ancora diversa se ci sono (o ci saranno) anche dei figli.

Una cosa molto utile da fare è quella di avere diversi conti.

Ma non conti risparmio, ma conti e sono chiamati come "l'obiettivo del conto".

Per esempio, se volete mandare i figli all'università, dovrete farvi il "conto università" e poi sarete molto più tranquilli nell'affrontare la stessa spesa.

Altrimenti ogni volta che affronterete il discorso università o sarete in argomento, dovrete stare lì a menarvela dicendo che non sapete neanche se ci saranno i soldi.

In questo modo programmerete così i vostri figli per la miseria e a loro sembrerà normale il non sapere se ci siano i soldi o meno.

Dovrete cambiare completamente il vostro paradigma e quindi le vostre abitudini.

Per esempio il mio paradigma è che io ho sempre molti più soldi di quelli che me ne servono.

Infatti io ho sempre la giusta disproporzione di soldi, ne sono convinto, e per me è giusto così.

Se credete che sia normale avere €1.000 in banca avrete 1.000€ in banca.

Questi non sono discorsi metafisici, e dovrete sentirvi a vostro agio nel parlare di soldi.

Quindi se adesso non siete a vostro agio nel parlare di soldi non va bene.

Potrei farvi un discorso sugli assorbenti se volessi, e non sarei a disagio.

Se non avete mai guadagnato una certa quantità di denaro, avete un problema perchè non sapete come ci si sente a possedere quella cifra a livello emotivo.

Dovrete riprogrammarvi e capire che la normalità è guadagnare 100.000€ al mese, anche perché altrimenti pensate all'effetto opposto: cioè che preferirete non averli.

Se la sensazione di avere 300.000€ in banca vi fa sentire più insicuri anche mentre parlate con la gente rispetto che averne 50.000, come potrete pensare di averne 500.000?

Se vi vergognate quando guadagnate 3.000€ al mese perché pensate che sia per colpa vostra che le persone muoiono di fame in Bangladesh, come pensate di poter accumulare ricchezza?

Sappiate che la grande difficoltà sarà nel fare i primi soldi.

Poi diventerà sempre più facile ed è per questo che i primi sono così importanti e così essenziali.

Se non comincerete subito a farli, poi non comincerete più.

Quando vedo persone che hanno magari 40-50 anni e che hanno avuto sfortune nella vita, il loro problema è che (concordo sul fatto che le sfighe possono capitare a tutti) i soldi non li hanno mai fatti.

Sono persone che hanno sempre posticipato, si sono sempre dette "si lo faccio dopo, eh ma non so come si fa, eh ma è troppo difficile".

Ad oggi la verità è che (anche gratuitamente) ci sono così tante risorse sul marketing, sulla venditea, sul mindset, sulla finanza, sugli investimenti, che anche se non avete i soldi per i corsi, potete tranquillamente studiare del materiale gratuitamente.

Ci metterete più tempo perché dovrete spulciare le informazioni che vi serviranno dalle risorse gratuite, ma comunque ce la potrete fare.

Infine il motivo per cui le persone non accumulano denaro è per una mancanza di serietà generale.

Cioè le persone non prendono la cosa seriamente.

Se voi sapeste quanto è seria la questione del denaro, fidatevi che sareste in panico perenne.

E vi ripeto che se siete a zero, e se non avete questo panico nel dover iniziare a far qualcosa, avete davvero un problema serio.

Noto una certa mancanza di serietà anche tra le persone giovani.

Ho molti amici che sono contenti dei miei risultati e mi dicono che piacerebbe anche a loro guadagnare così tanto.

Poi gli rispondo che devono imparare a fare marketing, che devono trovare un segmento di persone a cui vendere, che devono diventare bravi a vendere, che devono ottimizzare tutto il processo, che devono studiare la finanza personale, che devono seguire determinate persone per il mindset ecc. ecc. e alla mia risposta replicano sempre con mille scuse. Non vogliono soffrire prima per godere dopo.

Non c'è altro modo.

Per chi sta provando a farlo facilmente con i sotterfugi, coi ponzi ecc. vi dico io come andrà a finire.

Andrà a finire che rimarrete con meno soldi di quelli che avete adesso.

Quindi riflettete e agite sulla base delle informazioni che vi ho fornito perché valgono oro!

CAPITOLO 3
LEZIONE DI VITA: COME ACCUMULARE I PRIMI 100.000 EURO

Il risparmio è una cosa di cui pochissime persone parlano. Tutti si concentrano sul fare le campagne pubblicitarie, su come trovare i prodotti, sulle affiliazioni, sul dropshipping, sul vendere corsi, sulla finanza sul trading ecc.

Ora vorrei riportare un attimo la vostra attenzione su un aspetto: se voi non accumulerete dei soldi di conseguenza non riuscirete mai a fare niente.

Prima di tutto il vostro stile di vita non aumenterà, ma la cosa principale è che non avrete mai la possibilità di cogliere le opportunità che vi passeranno davanti (per esempio se ci sono degli affari immobiliari, o se ci sono nuovi business da fare, oppure se vi servono 10-20-30.000 € perché dovrete fare delle campagne pubblicitarie specifiche o se dovrete fare un Mastermind o se dovrete comprare dei corsi o farvi fare una consulenza da qualcuno ecc. ecc.).

Se non avrete i soldi non potrete far nulla di tutto ciò.

Vedo un'attitudine negativa verso il risparmio anche perché c'è un po' questa falsa credenza (non solo in Italia ma anche in America) di tenere in banca pochi soldi e di investire poi tutto il resto.

A me non piace questo modello, e non sono assolutamente d'accordo con questo modo di pensare.

Vi spiego cosa faccio io, quanti soldi metto via, come ho raggiunto i primi 100.000 € (e in questo sono stato abbastanza bravo nel farlo nel mio primo anno di business, e questa è una cosa abbastanza rara specialmente guardando il totale e considerandolo in percentuale) e vi parlerò anche di come ho modificato il mio termometro finanziario.

Allora perché € 100.000?

Ci sono vari motivi: innanzitutto il primo scalino che dovrete superare (se non avete mai avuto come non ce li avevo mai avuti io) sono i €10.000.

Dovrete arrivare a €10.000 innanzitutto per un fatto visivo: quando guarderete il saldo bancario, il vedere una cifra in più scatenerà tutta una serie di situazioni nella vostra mente.

Però 10.000€ non è identificabile dalla nostra mente come un numero grande.

100.000 € per quella che è la mia esperienza invece lo è.

Perciò avere una liquidità di 100.000€ sui conti personali intendo (e non sul conto della società senza poterli toccare perché ci sono 640 soci e avrete fatto il volume d'affari, e poi avrete tutti la carta di credito aziendale mentre poi litigherete su chi ha pagato di più al ristorante, e quando inviterete la vostra amante giustificherete la spesa come spesa aziendale...io non mi occupo di quelle cose e se fate quelle cose a me non interessa) è un ottimo secondo scalino da superare.

Quindi vi parlo di 100.000€ liquidi, sui vostri conti personali, e tutti spendibili.

Poi il terzo step sarà un milione, e poi 10 milioni.

Innanzitutto la liquidità di 100.000€ la hanno in realtà in pochi.

Specialmente se partirete da zero, se guadagnerete una cifra di soldi nella media, sarà matematicamente impossibile mettere da parte 100.000€.

Questa sarà la prima cosa che dovrete capire.

Nel mettervi via i primi 100.000 € dovrete farlo aumentando le entrate.

Quindi la prima cosa su cui vi dovrete focalizzare sarà nell'avere una disparità assoluta fra quello che guadagnerete e quello che spederete.

Vi sorprenderà, ma ci sono molte persone che pensano di potersi mettere via i primi 100k (o 100.000€) (vi parlerò dei primi 100K per semplicità, ma se avrete già via i primi 100K pensate a 1 Milione, cioè traslate quella cifra nella vostra realtà) in maniera che è matematicamente impossibile.

Per chi ha più di 100.000€ ed è partito con il proprio conto personale a zero, sa perfettamente che non l'ha fatto mettendosi via 200€ al mese perché è matematicamente impossibile.

Ci sono un numero incredibile di persone che mi dicono "no vabbè dai, ma fai la formichina, accumuli poco e costantemente eccetera eccetera".

Poi prendi la calcolatrice fai il calcolo e non ci stai dentro.

Per questa ragione vi dico che dovrete creare un'assoluta disproporzione fra entrate ed uscite.

Poi un'altra fra le cose che dovrete fare (che sono anche le cose che ho fatto io) sarà quella di avere un conto nel quale ammasserete denaro.

Se voi non avrete un conto nel quale ammasserete denaro (e su questo potrete chiedere conferma a qualunque persona di un certo spessore) risparmiare diventerà un problema serio.

La cosa più intelligente da fare sarà impostare un trasferimento automatico.

Intendo un trasferimento automatico dal vostro conto personale (che voi usate per esempio per le faccende di casa, quindi per pagare il Mastro Lindo, per pagare l'affitto, per pagare il cibo e queste cose qua) a un conto chiamato conto accumulo.

Vi do dei riferimenti numerici: la povertà si definisce entro i 50.000€ liquidi.

Quindi se avete meno di 50.000€ in banca siete poveri.

Tra 50.000 e i 100.000 € siete in fase accumulo.

Oltre i 250.000€ liquidi (e io per fortuna faccio parte di quella categoria) siete ricchi.

Siete ricchi ma ovviamente non siete né miliardari, né milionari, però avrete una cifra di soldi che vi consente di staccarvi di molto dal resto della popolazione.

Inoltre se avete più di 250.000€ in banca, avrete la possibilità di cominciare a investire in modo già abbastanza impegnativo.

Per esempio in America, se avete 250.000 € e li mettete in un down payment potrete prendere un mutuo di un milione e investite quei soldi.

Facendo cosi avrete già un dividendo annuale di 120.000€ e già in questo modo potreste diventare finanziariamente liberi.

Ho visto un'intervista di Matt Manero e Grant Cardone in cui dicevano che con 10.000-15.000 o 5.000$ potrebbero anche scherzare (nel senso che potrebbero anche giocarseli al casinò), mentre con 100.00$ no.

Se si tratta di 100.000$ iniziano a fare delle domande.

Anche per loro che hanno un network quasi miliardario, 100.000$ non sono uno scherzo.

Anche se lo stesso Grant Cardone ha comprato il suo primo aereo cash per 8 milioni, e quindi si parla di una persona che ha liquidità di decine di milioni.

Perciò 100.000€ è una cifra seria ed è questo il motivo per cui vi dico di metterveli da parte.

Dovrete avere un conto che non toccherete, nel quale trasferirete i soldi.

Ora vi spiego una cosa a cui arriverete quando comincerete a fare soldi online (non vi sto portando la mia teoria, ma è un problema che io ho ancora oggi) e quando vi entreranno soldi tutti i giorni.

Personalmente mi entrano soldi da vari mezzi: primariamente su PayPal, dai miei corsi, e dalle affiliazioni.

Alcuni mi entrano su Stripe, ed ho vari conti ovviamente in euro, in dollari e in pounds.

Io vendo corsi in dollari e in euro.

Ci sono due Charge e ovviamente c'è bisogno di due conti bancari (i soldi arrivano in due posti diversi).

Poi ho l'affitto da pagare, perciò ogni mese mi prendono il necessario per l'affitto più le utenze.

Ho fatto degli assegni postdatati in quanto dove vivo c'è la sicurezza del credito.

Infatti quando incassano l'assegno, i soldi ci devono essere per forza, altrimenti ti sbattono in galera.

Ci vuole un conto che non sia collegabile a Stripe, e quindi ci sono dei giri di soldi da fare.

In realtà il fatto di avere un trasferimento automatico da un conto all'altro, ed avere un conto accumulo si trasformerà in un grosso giro di soldi (vi sto dicendo esattamente quello che faccio io).

Adesso sto riorganizzando i miei giri e i miei conti perché dovrò (e dovrete) eliminare i passaggi umani nei vari giri di soldi.

In linea generale se avete un conto dove vi arriva lo stipendio e poi ne avete un altro dove percepite l'affitto di una vostra casa di proprietà, e l'affitto lo pagate con uno, e poi però non vi ricordate la spesa con cosa l'avete pagata "ah no perché l'ho pagata con la prepagata", e poi la carta di credito ecc." arriverete a un certo punto e vi chiederete: "quanti soldi ho adesso?"

1.500€, ma mi sta per entrare il saldo della carta di credito" ecc. ecc. capite bene che la cosa diventa ingestibile !

Dovrete eliminare tutti questi passaggi !

Per esempio io ho il conto ed ho anche la carta di credito.

Quindi devo starci dentro perché ho un balance (cioè una cifra di soldi), però mi tocca fare prima mentalmente la sottrazione di quello che ho speso con la carta di credito.

La stessa cosa la dovrò fare per la seconda carta di credito che ho, e poi ho l'altro conto, e poi c'è l'altro ancora.

Alcuni conti sono anche vuoti.

Adesso sto alimentando un conto (di una prepagata) per gli annunci pubblicitari di Facebook.

Per esempio, ho Stripe attaccato a tale conto, e a volte lo voglio staccare e quindi metto un conto per alimentare la prepagata che uso per la pubblicità e il marketing.

Poi ci riattacco il conto ecc. ecc.

Questa è la situazione in cui vi troverete.

Ogni situazione è a sè.

Però vi dico che questa cosa succederà se vi metterete a fare soldi online, se venderete corsi, se farete le affiliazioni ecc. ecc. e dovrete porvi rimedio.

Concettualmente è corretto diversificare i propri conti dopo, ma all'inizio può diventare un problema.

Per questo motivo dovrete avere un conto con dei trasferimenti automatici.

Più conti avrete più diventerà difficile.

Infatti se avrete un conto in USA, fare un trasferimento automatico in Germania magari diventerà più difficile.

Mentre da banca a banca in automatico sarà più semplice.

Perciò (ve lo ripeto ancora) dovrete avere un conto al quale non accederete e che dovrete usare solo per l'accumulo.

All'inizio quando guadagnerete meno di 10.000 euro al mese di profitto netto, non riuscirete a mettere tanto in banca.

La realtà è che non metterete da parte più del 20% di quella cifra.

Quindi quando arriverete a fare 100.000€ all'anno netti di profitto, quanti soldi vi metterete in banca?

Se sarete bravi 20.000€.

Cioè alla fine dell'anno voi non avrete in banca più di 20.000€.

Se ne avrete 30.000 sarete già delle star.

Questa cosa è offensiva da sentire la prima volta, però se non capirete questo e vi porrete l'obiettivo di avere 100.000€ in banca, penserete che vi basterà fare 50.000€ all'anno e in 2 anni ne avrete 100.000.

Vi dico subito che non sarà così!

Avrete la tara mentale sbagliata e non ci arriverete mai.

Poi dovrete arrivare a un punto (che a mio parere se siete single sarà intorno ai 20-30.000€ al mese) dove vi metterete via circa il 40% di quello che guadagnerete.

Attenzione!!

Non sarà facile, dovrete farlo in modo automatico.

Io stesso l'altro giorno ero lì che guardavo tutta la mia situazione e pensavo fra me e me che è giusto essere più attenti perché i soldi mi vanno via da tutte le direzioni.

Soprattutto se avrete vari conti.

Perché (questa è un'altra cosa interessante) è sbagliato avere tanti conti con dentro poco.

Poco vuol dire che se in tutto avrete via 100.000, di regola avrete magari due o tre conti con 20.000 l'uno e poi avrete un bel po' di conti con 6-7.000.

Questo cosa vorrà dire?

A me è capitato di avere conti così e anche l'altro giorno avevo una carta con su 7.000€.

Per me 7.000 € sono pochi soldi.

Quindi quando mi capita una situazione del genere, spesso e volentieri quei soldi me li spendo.

Praticamente diventa una cosa mentalmente abbastanza semplice (quando per esempio compro i voli, gli hotel ecc.).

Perciò se non avrete un fondo dove si accumuleranno tutti i soldi, avrete un'idea molto più spezzettata.

Quindi accumulateli tutti in un conto, e se poi da li sarà opportuno, diversificare in vari conti e in vari paesi (come vi ho già consigliato di fare).

Visivamente il passaggio dovrà essere che arrivano tutti su un unico conto e di li passeranno automaticamente sugli altri.

In questo modo vedrete quel conto accumulo crescere.

Diventerà un problema tracciare quanti soldi avrete quando avrete tanti conti.

Nel mio caso devo fare il conto di 20 situazioni diverse.

Mi dico "ok, sono già arrivati su questo conto"; poi da qui sono in varie valute e dovrò fare il conto perché li ho in Euro, Pounds, Dollari, ecc (e quindi dovrò fare tutto il conto in dollari), quindi mi diventa difficoltoso tracciare il tutto.

Al mio livello non è un errore mortale, ma quando sarete in fase accumulo dei primi 100.000€, sbagliare diventerà un problema e sarà uno sbaglio importante a cui sarà difficile rimediare.

Queste sono esattamente le cose di cui non parla nessuno perché sono un po' scomode, ma sono esattamente così.

Altra cosa è che dovrete chiedere ai vostri clienti più soldi.

Se avrete un business che vi fa X, dovrete trovare il modo di fare degli up sell e dei cross sell.

Quindi dovrete creare delle offerte ripetute per fidelizzare gli stessi clienti, vendendo loro a prezzi sempre maggiori dando loro sempre più valore.

Questo dovrete farlo per clienti sempre più esclusivi e sempre più disposti a pagare.

Questo sempre a un alto prezzo alto (High Ticket).

In questa maniera, al posto di risostenere il costo di acquisizione clienti (come fanno le persone intelligentissime che continuano a vendere prodotti a 13€ o cose del genere e risostengono il costo di acquisizione dei nuovi clienti) dovrete trovare un modo per vender loro dei pacchetti più costosi, soprattutto alle persone che se li potranno permettere e che vorranno qualcosa in più.

Chiaramente dovrete vendere delle cose per le quali le persone saranno disposte a pagare tanto.

Se venderete delle cose per le quali le persone non saranno disposte a pagare, il business sarà impostato male.

Dovrete vendere pacchetti a prezzi sempre più alti, in modo che a parità di costo di acquisizione cliente, se venderete un Mastermind da 10.000€, saranno 10.000€ netti che vi entreranno in conto.

Dovrete essere in un business che ha un high transaction value, perché se non avrete un valore alto per transazione (e questa cosa ve la ripeterò fino al vomito) voi non accumulerete nessun soldo da nessuna parte.

Se non farete cosi succederà che avrete un alto volume di affari, ma poi (tolte le spese) non vi rimarrà nulla.

Mentre sarete in questa situazione, userete la carta aziendale per pagarvi il filetto al "Pepe Verde" oppure andrete alle Maldive e giustificherete il viaggio come spesa aziendale perché sarete andati li ad incontrare un cliente (il che potrebbe anche essere vero, ma poi sarà un problema giustificalo agli amici vestiti in grigio in Italia).

Parliamo ora di **termometro finanziario**.

Il termometro finanziario esiste a qualsiasi livello: per quanti soldi avrete in banca, per quanti soldi guadagnerete mensilmente, e per quanti soldi guadagnerete ogni giorno.

Vi faccio una confessione: ora mi accorgo che se supero una certa soglia giornaliera che per me adesso è fra i 3.000 e i 5.000€ netti, mi sento tranquillo.

Se vado sotto i 3.000 penso che è stata una giornata che non è andata molto bene, mentre oltre i 5.000 sono pienamente soddisfatto.

Chiaramente se avrete l'obiettivo di guadagnare un milione al mese, vi renderete conto che è una cosa che non andrà bene in quanto è incongruente.

Dovrete spostare questa vostra soddisfazione da 5.000€ al giorno a 33.000€ al giorno (ne mancano circa 28.000).

Personalmente è una cosa che ho già fatto altre volte.

Perciò voi avete (anche adesso) un termometro dove praticamente se andate sotto una certa soglia entrate in modalità lavoro e fate i pazzi per raggiungere questa soglia.

Se invece siete sopra quella soglia siete in modalità spesa.

Vi faccio un esempio: guardate quanto avete in banca;

più o meno fluttuate sempre intorno a una cifra.

Questa cifra può essere 1.000€ o 10 milioni di euro.

Non cambia nulla.

Fluttuate sempre intorno a una cifra (guardate gli statements bancari).

Vi faccio un altro esempio: se il vostro termometro finanziario sono €2.000 in banca, potrebbe capitarvi di andare a 5.000 € perché vi entra qualcosa (per esempio fate un incidente con la macchina e vi paga l'assicurazione, o vi rientra una commissione, o quel mese avrete fatto un lavoro in più ecc. ecc.) a quel punto in maniera inconscia cercherete di spendere quei soldi extra e farete un'altra spesa (per esempio andrete in vacanza per tornare 2.000).

Oppure cambierete immediatamente macchina.

Questa cosa accadrà a qualsiasi livello.

Potrete avere 2.000 € in più o anche 200.000 €

Non cambierà nulla!

Al posto di una Porche vi prenderete una Panda usata ma non cambierà assolutamente nulla.

L'andare a fare un viaggio può essere fatto con un gruppo organizzato partendo in pullman e quei € 200 che avrete in più ve li spenderete in quel modo, oppure partirete in prima classe con Emirates e andrete alle Mauritius.

Se invece (sempre considerando che il vostro termometro sia 2.000€) scenderete a 1.000 inizierete a lavorare di più, magari a fare gli straordinari o a cercarvi un secondo lavoro ecc. ecc.

Questa cosa esiste.

Di solito mensilmente avrete un trend che più o meno gira attorno agli stessi numeri.

Questo è il vostro termometro finanziario.

Questo è il punto in cui voi siete comodi.

Questo termometro ovviamente andrà alzato nel momento in cui voi vorrete guadagnare di più.

Ci sono delle tecniche per farlo.

Sappiate che questo è un lavoro, (infatti molti mi dicono che non è facile) ed è una cosa che dovrete fare.

Dovrete parlare, dovrete uscire, dovrete chiedere aiuto alle persone che già ci sono riuscite.

Quindi se vi vorrete mettere via 100.000€ ascoltate me visto che li ho già accumulati.

Se invece vorrete mettervi via un miliardo seguite Warren Buffet, mentre se vorrete avere 1.000€ al mese seguite i vostri amici con cui andate a sbronzarvi al bar ecc. ecc.

Dovete capire quali sono le abitudini, gli hobby e le passioni che hanno le persone che hanno quel risultato.

Molti pensano che questa sia una cosa metafisica, ma in realtà è esattamente così come vi sto dicendo.

Se io vi dico di vendere a prezzi alti e invece voi seguite quelli che vendono i prodotti a 10€ è ovvio che non ce la farete (poi non lamentatevi).

Se io vi dico che per fare 100.000 € ci vuole un conto accumulo e voi invece cercate di accumulare soldi nel conto della carta con cui vi pagate la spesa, poi non dovete lamentarvi se non avrete i risultati sperati.

Quindi dovrete acquisire le abitudini di chi ha già ottenuto i risultati che vorrete ottenere anche voi.

Dovrete farvi violenza e per il risparmio ora vi svelo un trucco che io stesso uso sempre: come vi ho detto prima, quando avrete un po' più soldi, entrerete in modalità acquisto.

Quali sono le cose per le quali spendete molti soldi?

Vi faccio il mio esempio: per quanto mi riguarda le cose per cui spendo molti soldi sono computer, cose tecnologiche, e soprattutto viaggi.

Quindi quando ho più soldi comincio a guardare quanto costano i voli in Business Class su Emirates (per esempio) fino a Singapore.

Poi vado su Booking e guardo a Singapore qual' è il miglior hotel, e mi rendo conto che (per esempio) costa 4000€; poi guardo cosa visitare, dove andare a mangiare o a divertitrmi ecc. ecc.

In realtà non mi serve andare a Singapore.

Almeno quattro volte a settimana faccio questa cosa (ovviamente non sempre per Singapore, ma per tantissime altre mete al mondo).

Poi mi freno (a volte non ho la disciplina per farlo, ma quando l'ho fatto vi dico che funziona).

Quando mi sento abbastanza "comfortable" nello spendere questi soldi (per esempio per andare a Singapore), mi impongo di non andarci, prendo l'equivalente della cifra che avrei speso per andarci e la passo sul mio conto deposito.

Ve lo rispiego: siete in una situazione in cui (capita spesso a tutti) quel mese avete un po' più di soldi.

Allora entrate in fibrillazione, andate al centro commerciale e vedete un computer, o un nuovo cellulare, o qualsiasi altra cosa.

Non sto parlando di un acquisto che dovete fare per forza e che vi serve per lavorare (perché è logico che se avete solo il cellulare e volete fare business su internet è impossibile avere solo il cellulare).

Sto parlando di un computer che sarebbe un po' un vizio e che non vi serve per necessità.

Per esempio proprio l'altro giorno volevo prendere un altro MacBook Pro 15 pollici.

Poi mi sono detto: "cosa me ne faccio di due?".

In effetti è una cosa che non serve (è vero che si vive anche di vizi e di cose che non servono, ma non fino a che non si hanno da parte almeno 100.000€).

Ragazzi se non avete ancora 100.000€ da parte dovete essere in panico (soprattutto se avete una famiglia).

Non c'è da scherzare !

Quindi dite: "ok, mi sto per comprare un computer, lo comprerei, li ho", poi alla fine non lo compro e quei 5.000€ li metto da parte nel conto deposito dove non li potrò più toccare.

Tanto quei soldi li avrei spesi lo stesso e cosi non mi gratifico comprando il computer.

Perciò appena inizierete a pensare alle solite cose insignificanti (del tipo si vive una volta sola, devo appagarmi ecc. ecc.) visto che li starete per spendere lo stesso, li accumulerete.

Questa cosa vi curerà da due situazioni: per prima cosa vi curerà dalla gratificazione immediata, perché uno dei problemi è la gratificazione immediata.

Ragazzi piace a tutti la gratificazione immediata.

La gratificazione è: "voglio qualcosa subito".

Ho un'urgenza sessuale e voglio farlo adesso (Magari!! Direte voi uomini) ma non è possibile!

Non è possibile neanche per le donne!

Però vogliamo subito soddisfare quella cosa ma è molto difficile farlo immediatamente.

Alcune persone mi contattano dicendomi che due giorni fa hanno lanciato le campagne pubblicitarie su Facebook, ma non hanno ancora risultati.

La gente vuole i risultati subito, immediatamente, e questo è un grosso errore!

Questo succede per i social media perché metti un post ed hai subito un riscontro di quello che stai facendo (in un'ora hai ricevuto tot. like, tot. condivisioni, tutto tracciabile e mentalmente questo ci gratifica in modo immediato).

Mentre invece se volete diventare ricchi dovrete imparare a posporre il piacere immediato per poi arrivare a uscire con tre modelle tutte insieme (ovviamente è una metafora e spero che nessuno si offenda per favore).

Quindi il piacere che vi potrebbe dare l'acquisto del computer, o l'andare alle Maldive lo dovrete posticipare (per carità si vive anche di quello, nessuno è esente da questa cosa, io stesso faccio ancora questi errori, e proprio perchè capita anche a me, e capita a qualunque livello, posso mettervi in guardia su determinate cose e insegnarvele).

Altro esempio lo avete su internet dove c'è il one click upsell e quindi non dovete neanche tirare fuori la carta.

Quale è il problema di quando comprate?

Il problema è che in contanti non lo fareste (e questo intavola tutto un altro discorso).

Se aveste i contanti non andreste nel negozio a fare acquisti, perché il centro del dolore del cervello è stimolato.

Con la carta invece non è così !

Vi spiego per bene come funziona questa cosa su di noi a livello inconscio.

Mettiamo che io stia per comprare un oggetto che costa 10€.

Quello che succede è questo: io do i 20€ al negoziante e il negoziante mi ridarà indietro l'oggetto più il resto di 10€.

Il mio cervello registra che io ho perso 10 in questo scambio perché ho dato 20 e ne ho ricevuti 10.

Se non torna nulla si capisce ancora meglio: ti ho dato dei soldi, non torna più niente, tu mi dai l'oggetto ed io "ho perso" i miei soldi.

Oppure se mi dai il resto, il mio cervello registrerà che avrò avuto meno di quanto ho dato.

Il centro del dolore del cervello (ed è stato visto dall'Università della Pennsylvania) è stimolato con l'utilizzo dei contanti.

Con la carta invece succede un'altra cosa: io ti do la carta (mettiamo che sia un bancomat e mettiamo che ti do la mia American Express), tu me la ridai indietro uguale più l'oggetto del mio acquisto.

Il cervello non registra che ho perso soldi.

Voi mi direte che lo sapete che vi hanno preso i soldi dalla carta, ma questo non c'entra.

A livello inconscio il vostro cervello non l'ha capito.

Ecco spiegato il perché adesso si usano le carte!

Stanno eliminando sempre di più quella che si chiama friction (cioè l'interazione dove si mette il codice PIN) in modo tale che la gente non si accorga quasi per niente delle sue spese, e faccia sempre più acquisti.

Nel mondo online basta anche un solo click e si paga.

Con Apple Pay non tiri nemmeno fuori il cellulare dalla borsa.

Ci sono alcuni siti che vi chiedono di convertire tutto in token.

Perciò se do la carta e poi me la ridanno assieme all'oggetto non mi accorgerò (a livello inconscio) dei soldi che starò spendendo.

Questa cosa sarà inevitabile, ma dovrete esserne consapevoli, perché altrimenti se non avrete il controllo di tutto ciò (che potreste pensare essere inutile) sarete nei guai.

Quindi direte: "ok, sto per spendere dei soldi, non li spendo e li metto nel conto accumulo".

In questo modo la prima cosa che farà il non spendere quei soldi sarà curarvi dalla gratificazione immediata.

La seconda cosa è che sposterà il vostro valore dallo spendere al risparmiare.

Adesso vi faccio un discorso sul valore e sarà molto interessante per chi pensa che la value ladder sia la scala valoriale e robe simili inesistenti.

Chi preferisce spendere invece che risparmiare, non diventerà mai ricco!!!

Questo perchè chiaramente il suo più grande valore è sullo spendere e non sul risparmiare.

Se io ti do 20€, e la prima cosa che fai è spenderli, capisci che il tuo valore più alto è per la spesa piuttosto che per il risparmio.

Ciò che fai prima, identifica la tua priorità.

Se io ti do 1 milione e la prima cosa che fai è comprare la Lamborghini, avrai più valore sulla spesa piuttosto che sul risparmio.

Non mi hai detto "me li metto in banca", oppure "me li metto in banca e poi li investo".

Questo significa che il tuo valore primario nella vita è spendere ed avere una gratificazione immediata.

Probabilmente avrai una fantasia su quella che è la vita da ricchi, ma non hai i valori che ti porteranno li.

Non diventerete mai ricchi se non risparmierete e non investirete.

Non ci sono altri modi !

Potrete anche fare 1 miliardo al mese, ma se spenderete 1 miliardo ogni mese, resterete sempre poveri.

Questa cosa la sappiamo tutti razionalmente, ma a livello inconscio no, in quanto non la applica quasi nessuno.

Quindi se non riuscirete a mettervi via i soldi, vorrà dire che per voi quella non sarà una priorità (anche se a voce direte il contrario!), infatti se spenderete i soldi invece che accumularli vorrà dire che non vorrete risparmiare.

Se parliamo di cose che hanno un'alta priorità, tutti noi riusciamo sempre a trovare soldi e tempo per farle.

Ho conosciuto persone che avevano perso il lavoro, ma che riuscivano sempre a trovare i soldi per comprare le sigarette o per comprare le proteine in polvere.

Le donne trovano sempre i soldi per comprare le scarpe, oppure per le borse, oppure i soldi per andare dal parrucchiere tutte le settimane.

Qualunque cosa alta nelle vostre priorità, determinerà le vostre azioni e le vostre azioni determineranno i vostri risultati.

Se non avrete il vostro valore più alto nel mettervi via i soldi e nell'investire e queste cose non saranno per voi gerarchicamente superiori allo spendere, continuerete a spendere più di quanto risparmierete.

Poi penserete che quello che vi avanzerà lo metterete via. Questo mi pare sia stato Warren Buffett a dirlo, comunque è importante capire che dovrete spendere quello che vi rimarrà dopo il risparmio, e non risparmiare quello che vi rimarrà dopo aver speso, perché altrimenti non vi rimarrà niente.

Non a tutti piace spendere.

Abbiamo due tendenze naturali: risparmiare e spendere.

Io sono uno che spende.

Quindi io mi dovrò fare della violenza per non spendere soldi.

Ci sarà una disciplina da seguire, non sarà tutto ovvio o automatico.

Io spendo perché mi piace spendere e quando esco di solito offro.

A volte lo faccio prima di tutto per evitare situazioni imbarazzanti perché c'è sempre quello che non vuol pagare.

Poi, come secondo motivo, lo faccio perché sono un tipo generoso, mi piace farlo e faccio tanta beneficienza e donazioni (di solito le persone generose sono le persone che spendono in tutto, anche in beneficienza).

Al contrario, ci sono invece quelli che non spendo in niente (i saver).

Entrambe le due categorie vanno bene, ed hanno vantaggi e svantaggi.

I saver di solito sono quelli che fanno sempre brutte figure: non hanno mai soldi, tirano fuori la calcolatrice, discutono per i 5 € in più ecc. ecc. mentre gli spenders spendono in soldi per qualsiasi cosa, anche la più stupida.

Ora il problema è che se avrete la priorità nello spendere, per voi sarà difficilissimo mettervi via 100.000€ o un milione o costruire prosperità.

Vi rendete conto?

Non potrà mai succedere !

Continuerete a spendere tutti i soldi che vi entreranno.

Vi avviso: quando andrete da 0 a 30.000€ al mese, se non sistemerete questa cosa, non vi servirà a nulla arrivare a quella cifra.

Magari vi rimarranno leggermente più soldi perché ce ne saranno tanti.

Oppure potrebbe non succedere.

Conosco persone che quando sono arrivate a più di 30.000€ erano in debito.

Erano persone che guadagnavano 1.500 € al mese, e che avevano un mutuo di 30 anni sulle spalle.

Ovviamente una volta arrivati a 30.000€ secondo voi cosa hanno fatto?

Sono andati in banca, hanno dimostrato che guadagnavano 30.000€ al mese e poi hanno fatto un mutuo per 5 milioni per andare a vivere in un attico.

Poi si sono presi la Porche, ed hanno speso tantissimi soldi in capricci, invece che risparmiarli o investirli.

Tutte queste cose sono cose importanti, perciò spero che vi siate segnati tutta la conoscenza che ho condiviso con voi, perché queste sono esattamente tutte le cose che dovrete applicare.

Quando osservate le persone che hanno successo, sappiate che hanno applicato alla lettera tutte queste cose.

Personalmente giro il mondo, studio, e applico tutte queste cose (sono ore e ore di studio e di riscontri psicologici che vanno dall'uso della carta di credito, al come risparmiare i soldi, al dove metterli ecc. ecc.)

Nel momento in cui avrete 100.000€ dovrete decidere quanti soldi vi vorrete tenere in banca per la vostra sicurezza.

A parer mio, per la vostra sicurezza, e se avrete uno stile di vita normale dovrete tenervi almeno 100.000€.

Se andrete sotto i 100.000€ di liquidità non andrà bene.

Però c'è anche chi pensa che tenersi via anche 50.000€ di quei 100 accumulati vada bene.

Quegli altri 50.000€, andranno spesi solo ed esclusivamente per assets.

Quindi (per esempio) comprerete una casa che metterete in affitto, e che col tempo salirà di valore.

Nel caso avrete via 200.000€, vi terrete fermi e liquidi 100.000€, mentre con gli altri 100.000 comprerete un immobile o una quota di un immobile (per esempio) a 100.000€.

Perciò questi secondi 100.000€ li farete scomparire in qualcosa che a lungo andare varrà di più e nel frattempo vi pagherà un affitto.

Ovviamente non prenderete questi 100.000€ e comprerete la Mercedes perché altrimenti tutti i ragionamenti fatti fino ad ora varranno meno di zero.

Infatti tutto questo non è opinabile.

C'è una tendenza a pensare che tutti i soldi debbano fare altri soldi.

Per quanto mi riguarda questo è falso e vi dico anche il perché.

La gente solitamente penserà "eh ma avere 100.000€ fermi non ti renderà nulla"...

Quindi?

Cosa ne facciamo di questa affermazione stupida?

Non tutti i soldi vi dovranno fruttare altri soldi.

Non è stupido avere un cuscinetto di cash via per le emergenze perché le emergenze succedono: un'operazione chirurgica, una sfiga, c'è da andare in un posto, bisogna pagare qualcosa, viene giù il tetto della casa, state male e dovete stare a casa tre mesi in trazione.

Se io domani dovessi essere costretto a stare a casa tre mesi in trazione certamente non morirei di fame.

Certamente non sarei felice, avrei difficoltà, magari mi spenderei parecchie centinaia di migliaia di euro, ma potrei anche andare avanti anni standomene a casa in trazione (ovviamente adesso spero di non finire in trazione).

Però ci siamo capiti?

Sono le emergenze della vita!

Bisognerà stare attenti, a volte capitano le sfighe, capita che ci siano cose che non funzionino ecc. ecc.

Non dovrete cercare di far fare ai soldi qualcosa che non compete ai soldi stessi.

Adesso (soprattutto se siete molto giovani) se avete via solo 5.000 € dovete finirla con questa mentalità del diventare ricchi senza fare sforzi o del diventarlo facilmente.

Quei 5.000€ non vi faranno niente.

Non li potrete investire.

Mi arrivano messaggi di ventenni che mi scrivono che hanno avuto 10.000 € e che non sanno cosa farne.

Ovviamente nulla !

Oppure al massimo, la cosa più intelligente da fare è investirli su voi stessi in corsi per capire come fare business ed aumentare quei margini in modo da incrementare quei 5.000€.

In banca non c'è nessun investimento dove quei 5.000 € fruttino qualcosa.

All'inizio io ho speso i primi soldi per comprare un corso che mi ha insegnato come fare business on line.

Investite su di voi, comprate un libro, comprate un corso che vi apra la mente.

Parlate con qualcuno, fate una sessione di coach con qualcuno che vi dica come fare a migliorare e a marginare sempre di più.

Se avete 2.000 € via, quei 2.000 € in banca non vi frutteranno nulla.

Cosi come se avrete 20.000€ via, non ci sarà nessuna banca che vi darà il 500% al mese in modo tale che vi possiate ritirare con 20.000€.

Mi dispiace ma questa cosa non esiste !

Ecco perché dovrete accumulare più soldi e dovrete aumentare i margini di vendita (e su questa cosa il consenso è unanime).

Perciò all'inizio dovrete investire su di voi.

Investire su di voi non è una frase Zen, ma dovrete acquisire le giuste informazioni.

All'inizio l'investimento da fare sarà quello.

Poi si penserà ad altre cose, ma prima dovrete mettervi via i primi 100.000€ perché altrimenti parliamo del nulla.

Cifre piccole come 15.000 € dovrete investirle nel vostro business.

Quello è un investimento!

Fate un vostro business, capite come fare un business per insegnare qualcosa.

Se pensate che ci sia mercato, capite per esempio come fare un business di videocorsi, lanciate le prime campagne che magari vi vendono anche poco, e allora a quel punto comincerete a ingranare reinvestendo quei pochi guadagni in marketing.

All'inizio non si potranno investire cosi pochi soldi in immobili, in borsa o in robe serie.

Vi potrei anche consigliare di tenervi in banca una cifra cosi bassa come 5.000€, ma questo significherebbe che ne starete guadagnando solo 1.000, e ciò vorrà dire che non riuscirete mai ad accumulare i famosi 100.000€.

Quindi il trucco è usare quei 5.000€ (meglio se parte di quei 5.000) per studiare, leggere libri, fare corsi finchè non arriverete a capire come incrementare il vostro income.

Alcuni soldi sono da considerarsi "assicurazione". L'assicurazione (da sempre) si paga.

Io per esempio pago tutti i mesi un'assicurazione sanitaria internazionale pari a 600 € (Allianz).

Questa assicurazione mi dà copertura territoriale per qualunque emergenza mi capiti in tutto il mondo compresa la Palestina le isole minori, il Tobago ecc.

Se mi dovesse capitare di essere in Tobago e mi dovessi rompere un alluce, andrei all'ospedale e me lo riattaccherebbero.

Se mi dovesse capitare di dovermi operare (anche per cose gravi), potrei farlo ovunque mi trovi in quel momento.

Questo perché faccio un sacco di soldi e non mi va di risparmiare sulla salute.

Se adesso vado a Chicago e c'è una lastra di ghiaccio per terra, scivolo e mi spacco una gamba cosa faccio?

La vita è piena di imprevisti.

Per avere la sicurezza che qualsiasi cosa mi capiti mi vengano a prendere ovunque io sia, e mi diano le cure massime, io pago ogni mese.

Non è che pagano loro.

E' un'assicurazione!

Ho un'assicurazione sulla vita, ho delle polizze, perché almeno se mi dovesse succedere qualcosa, qualcuno poi si prenderà qualche milione.

Questa è un'altra cosa a cui dovrete pensare quando inizierete a fare un bel po' di soldi (questo significherà anche avere la testa sulle spalle).

Se la vostra assicurazione copre solo l'Europa, e durante un viaggio sarete costretti a fare uno scalo in Thailandia e vi beccate un virus cosa fate?

Se siete in America cosa fate ?

In America dilapiderete qualunque patrimonio, forse reggerebbe solo il conto in banca di Berlusconi.

Se vi rompete una gamba e ve la fate rimettere apposto in America vi partiranno 100.000$ come nulla.

Quindi i miei 600 € al mese valgono questa copertura in tutti i paesi.

I soldi sono la stessa cosa; ma se io ho un conto con 100.000€ che mi fa "respirare" qualunque cosa succeda, non è corretto pensare che quei 100.000€ debbano incrementarsi.

Anche se c'è l'inflazione importa poco, intanto ho quei 100.000 che mi aspettano e che mi fanno da cuscinetto per qualunque emergenza.

Quelli sono i soldi "assicurazione" che non toccherete mai.

Sarete voi a pagare l'assicurazione e non viceversa.

Quindi se avete dei soldi fermi dovrete piantarla di cercare di farli fruttare come dei criceti sulla ruota o come delle persone poco furbe.

Sotto i 100.000€ non potrete investire in nulla.

Oltre 100.000€ anche se avrete un ritorno spaziale del 10% all'anno (con l'immobiliare per esempio) saranno solo 10.000 € all'anno.

Potrete iniziare a ragionare di investimenti (se non avrete uno stile di vita alto) quando magari avrete dai 300.000 ai 500.000€ (N.B: 500.000 € da investire!! e non quelli che non si toccano nel conto accumulo).

Quindi se ne avrete 100.000 da parte, ne userete altri 500.000 per esempio per avere un piano che vi dia il 10% all'anno.

Questo non accade quasi mai se non con l'immobiliare.

Cosi avrete 50.000 € di interessi tutti gli anni.

Cosi ci potrete vivere.

Io non ci riesco però magari c'è chi ci riesce.

Nel mio caso se lo faccio tutto in equity, con lo stile di vita che ho, mi servirebbero due milioni e mezzo investiti al 10% all'anno.

Perciò se avrete meno soldi non li potrete investire.

A me dispiace, ma ci sono ragazzi che hanno 1.000€ da parte e vogliono sapere in cosa investirli.

Risposta: in nulla, se non nel comprare libri e nel continuare a formarvi.

Il migliore investimento è quello all'inizio.

Non potrete far fruttare pochi soldi, quindi dovrete far fruttare la vostra testa, in modo che la vostra testa possa produrre qualcosa che poi vi possa far fruttare più soldi.

Poi se partirete da 5 milioni o da 3 milioni o da 500.000€ è ovvio che cosi giocherete a un altro livello, e magari 50.000 € li dedicherete alla vostra formazione, e ve ne terrete in banca 100.000€ e ne avrete 4-500.000€ da investire.

Io non ero in questa posizione quando sono partito.

Se partirete così, avete tutte le mie congratulazioni.

Un' altra cosa da tenere bene a mente è che i guadagni con percentuali altissime a zero rischio non esistono!

Sono solo specchietti per le allodole per rubarvi i soldi.

Il problema è che voi volete tanto per poco.

Ecco come funziona: voi volete un ritorno del 500% investendo 5.000€.

In questo modo finisco per rubarvi tutto e dandovi niente.

Le truffe funzionano cosi: vi prendono il poco che avete per niente perché voi volevate tanto per poco (questa è una tecnica di truffa molto usata per accalappiare i polli).

Tornando al discorso del lasciare 100.000€ fermi in banca come accumulo sono certo che molti lettori non saranno d'accordo.

Ora vi faccio questa domanda: Vi piacerebbe avere 1 milione di dollari da parte?

Per chi ha già un milione da parte vi piacerebbe averne uno in più?

Credo che il 99,99999% risponderebbe di si.

È tanto un milione oggi ?

Bè, direi che averlo non sarebbe male.

40 anni fa 1 milione valeva molto di più?

Certo che si, ma adesso vi fa schifo?

E' questo il ragionamento.

Pensare all'inflazione è un errore.

Quindi se vi do un milione che fate?

Non lo accettate ?

Un milione 40 anni fa era molto ma molto ma molto ma molto ma molto di più di adesso.

Ma se avete un milione da parte adesso non è che siete poveri.

Mi chiedete se sia possibile che l'inflazione se li mangerà tutti ?

Allora cosa fate?

Dato che l'inflazione se li mangia non li tenete in banca?

Non avrete mai un conto?

E' se vi capita qualcosa come fate ?

Considerate che poi c'è un effetto compounding e la mente si abituerà a fare il salto di qualità.

Bisognerà però iniziare con l'accumulare i primi 100.000€.

C'è gente che pensa sia stupido aver via 2.000 € perché c'è l'inflazione.

E se avete bisogno di comprare un biglietto da 5.000€ cosa fate?

Oltre un certo livello questo ragionamento a me va bene, ma comunque vi esorto a continuare a risparmiare lo stesso.

Io continuo a risparmiare e credetemi che per gli standard di chiunque ho via molta liquidità.

All'inizio dovrete risparmiare il 40% dei vostri introiti e poi li reinvestirete.

All'inizio la percentuale sarà risparmio tantissimo e investo pochissimo.

Poi questa percentuale potrà cambiare, ma comunque vi consiglio di continuare a risparmiare.

All'inizio metterete via il 40% e di quel 40% non investirete niente.

Poi quando avrete via 400.000, di quella cifra ne investirete 300.000, ma comunque coi 100.000 rimanenti continuerete ad alimentare quel conto accumulo.

Dovete capire la differenza fra risparmiare e investire.

Se io ho 100.000€ nascosti che non tocco, non si tratta di un investimento.

Il risparmio esiste.

Non dovete investire e basta perché quando poi vi capiterà la problematica grossa lo capirete purtroppo a vostre spese.

Ai miei lettori più giovani, consiglio di andare in affitto e lasciare la casa dei genitori quanto prima per un discorso di mindset.

In quel caso non è una questione di soldi, soprattutto se vivete in un ambiente depotenziate (praticamente quasi tutti, a meno che voi non siate figli di imprenditori o investitori, siete nati in un ambiente depotenziate).

Questa è la storia dell'umanità; non è colpa vostra o dei vostri genitori.

Non vi sto dicendo che sono persone brutte e cattive.

Semplicemente vi daranno quello che vi potranno dare.

Per chi volesse trasferirsi all'estro un'ottima meta per iniziare è lo UK.

Qui avreste solo il problema del cambio.

Di solito il deposito da dare per l'affitto di una casa è un mese più 100 Pounds.

Quindi se vi trasferirete in una casa da 500 Pounds, dovrete dare come caparra 600 Pounds, più altri 500 Pounds per il primo mese.

Di solito è cosi in tutta l'Inghilterra.

Non sono nè tre mesi, nè due mesi.

Dovrete dare come inizio 600 Pounds più il primo affitto.

Quindi in totale saranno 1.100 Pounds.

Ovviamente se andrete a Londra sarà un problema.

Però se andrete a Nottingham (per esempio) che non è lontanissima da Londra, oppure in paesi come Leeds, Sheffild ecc. potreste vivere abbastanza bene.

Potrete prendere una piccola casa a 500 Pounds, senza grosse pretese.

Vi fareste la vostra spesa, vi paghereste le vostre utenze e all'inizio potrete vivere tranquillamente con 1.000 Pounds.

Perciò se guadagnerete 2-3.000 € al mese, come inizio potrete andare tranquillamente in Inghilterra.

E' chiaro che se vorrete andare a Londra centro, non ci starete mai con le spese.

Stesso discorso se vorrete andare a Dubai o a Monaco.

Ci sono dei posti che costano tanto e quindi ci sono due opzioni: o avete un cash flow notevole, oppure dovrete posticipare il vostro trasferimento in quei luoghi.

Quando avrete una disproporzione fra quello che guadagnerete e quello che spenderete, potrete iniziare a risparmiare ed eventualmente ad investire.

Mettiamo che spendete 1000€ al mese, poi iniziate a fare business online e vendete videocorsi (per esempio) e all'inizio non ce la fate.

Poi fate la prima vendita ad alto prezzo (per esempio a 1.000€).

Quindi prenderete quei 1.000€ che avrete appena guadagnato e comprerete un altro corso per ottimizzare meglio il processo.

Poi modificherete il vostro videocorso e il suo processo di vendita.

Poi inizierete a vedere le prime vendite una dopo l'altra.

Poi farete una sessione di coaching e magari inizierete a guadagnare 4.000€.

Cosi' di quei 4.000 magari 2.000 li farete sparire e li metterete da parte, oppure comprerete ancora un altro corso e alla fine ce la farete!

Di solito le cose vanno cosi.

Non c'è una cifra prestabilita.

E' come quando le persone ti chiedono quanto ci vuole per vivere in quel posto.

Ovvio che dipende.

Io ho fatto il calcolo che con quello che guadagno io negli Emirati per esempio sono top 40% fra tutti coloro i quali abitano qui.

Mentre rapportato a livello mondiale, sono top 0.6%.

Quindi negli Emirati (per esempio) la maggior parte della gente guadagna un milioncino netto all'anno.

Io vi ho dato lo standard della perfezione.

Poi più ci arriverete vicini, meglio sarà per voi.

Anche io a volte faccio degli errori.

Più avrete le carte piene, più sarete pericolosi quando sarete in giro.

Io, per esempio la dovrei finire di uscire con la carta (quella nera), perché ho il vizio di portarmela dietro per ragioni di sicurezza (mi dico che se una non va, uso l'altra).

Una volta avevo 3-4000€ su un conto e quindi l'ho svuotato, in quanto una cifra cosi bassa per me non ha senso averla ferma su un conto.

Ma in teoria quei vestiti non mi servivano.

Essere un "Saver" va benissimo all'inizio.

E' anche vero che i Saver hanno alcuni problemi.

Innanzitutto devono capire che bisogna anche spendere dei soldi.

Molti hanno il difetto che vogliono tutte le informazioni gratis, ma non funziona cosi!

Questo vuol dire voler ottenere qualcosa per niente.

Tutto ciò potrebbe essere pericoloso e potrebbero farsi rubare poco per niente perché vogliono avere tanto per poco.

I saver devono allenarsi a spendere (non troppo, ma il giusto).

Soprattutto se arrivano al punto in cui i soldi li hanno e stanno bene è un problema se ancora non spendono niente.

Ci sono persone che guadagnano un milione netto al mese e non offrono mai il caffè.

Oppure persone che stanno male e vanno in ansia perché si devono comprargli auricolari nuovi per il telefono e magari hanno da parte 500.000€ e guadagnano 40.000€ al mese.

Direi che se vi ritroverete in questa situazione avete dei problemi e quindi dovrete allenarvi a spendere.

Sarà come allenare un muscolo (in termini figurati), più lo allenerete e meglio sarà.

Fare un mutuo per la casa dove andrete a vivere è stupido perché la casa dove si vive non è un investimento, ma è una cosa che costa.

Quindi se farete un mutuo per la vostra casa, sarete appena entrati in debito per comprare una cosa che quando l'avrete vi costerà ancora più soldi.

Mentre invece se farete il mutuo per una casa che darete in affitto potrà essere un'operazione finanziariamente intelligente perché userete i soldi di qualcun altro per comprare una cosa che vi darà più soldi di quelli che dovrete dare alla banca.

Il discorso del mutuo è un grosso problema da spiegare agli Italiani.

Anche io molte volte ho fallito nella spiegazione.

A livello finanziario non è contestualizzabile.

E' contestualizzabile a livello personale, cioè se avrete voglia di farvi il mutuo per casa vostra ve lo fate e nessuno vi dirà nulla.

A livello finanziario resterà sempre una scelta sbagliata, come resterà sempre una scelta sbagliata a livello finanziario volare in business (ed io ci volo per esempio).

Finanziariamente, spendere 4.000 € quando invece ne puoi spendere 400 per una cosa che appena arrivi a destinazione è andata in fumo non è intelligente.

Io li spendo perché voglio stare comodo, ma a livello finanziario non ha senso.

Quindi casa vostra, sarà sempre e comunque un costo e sarà gestibile nel bene o nel male.

Anche l'affitto è un costo, ma se un domani dovesse succedere qualcosa io alzo i tacchi e vado altrove.

Poi se uno vuole casa propria la può sempre comprare, questo è soggettivo, ma siate consapevoli che sarà sempre un errore finanziario.

Perciò abituatevi a risparmiare denaro e a non mettetelo in cose strane dai ritorni stratosferici che nemmeno voi capite.

Tenetevi un po' di cash in banca per le emergenze...non si sa mai come possono andare le cose nella vita !

www.ingramcontent.com/pod-product-compliance
Lightning Source LLC
LaVergne TN
LVHW050950051026
849532LV00005B/1780